米朝戦争をふせぐ

平和国家日本の責任

和田春樹 *Haruki Wada*

米朝戦争をふせぐ

——平和国家日本の責任

装丁　柴田淳デザイン室

目次

Ⅰ　北朝鮮危機と平和国家日本の責任

２０１７年春から夏にかけて東北アジアの最大の問題は、北朝鮮危機である。北朝鮮危機とは、北朝鮮を取り巻く危機的な情勢のことである。北朝鮮の対外政策・軍事路線の危機と北朝鮮をとりまく主要国の対北朝鮮政策の危機とが、からみあって生まれている。危機は一直線に深化してはいかない。緊張昂進と緩和の局面が入れ替わりながら、いわば螺旋状に深まっていく。問題が解決されなければ、行きつく先は戦争である。われわれの地域、東北アジアはいまやまぎれもなく戦争と平和の危機に直面している。

1　金正男殺害事件の衝撃

２０１７年2月13日、マレーシア空港でなされた金正男殺害事件は、名状しがたい恐ろしい印象をつくりだした。この事件は、その真相がいまだ明らかになっていると言えないにもかかわらず、北朝鮮体制のはらむ問題性を示していると広く受け取られ、人々の不安をかきたてた。

この事件は何人の行為であるか、当初よりさまざまな議論がなされた。事件が報道された直後の日本のテレビ放送（ＢＳ８プライムタイム）では、元自衛隊員の自民党議員（現外務政務次官）佐藤正久氏が韓国の右翼グループの行動ではないかと述べて、注目を集めた。もとより証拠があるわけでなく、この事件から誰がもっとも受益するかという観点からそう言えるという主張であった。しかし、その後明らかになった「事実」によって、北朝鮮関係者の行動であるとの見方が支配的になった。

北朝鮮の体制からすれば、最高指導者の兄弟、長兄が国外で自由気ままな生活を送っていることは好ましくなく、やめさせなければならないことであった。金正男は父が健在であった２００１年５月に偽造パスポートで成田空港で日本入国をこころみ、家族とともに拘束されたことが知られている。このような許しがたい不祥事をおこしたことにより国内での公的な地位、立場を失った彼は、国外に出て、父の国のためにある種の業務をおこなっていたと言われる。しかし、異母弟が王朝原理で後継者に指名され、２０１１年に父の金正日が死ぬにいたって、彼の立場は完全に許されないものとなり、さらに庇護者であったと言われる張成沢が失脚処刑されたあとでは、その立場は決定的にあぶないものになっていたのである。

とはいえ、体制にとっていかに都合のわるい人物であれ、国家指導者の肉親が国外で生きるのを許さず、その人を抹殺するとしたら、それは現在の世界では到底受け入れられない北朝鮮国家体制の欠陥をあらわす行為であるといわざるをえない。

さらに、金正男が北朝鮮の体制にとって除去されなければならない人物だとしても、このたびのように劇場化し、他国民を巻き込んでなされる殺害の手法は異常であり、今目的でもない。これが上部からの指示によっておこなわれたとすれば、権力者の判断力にはなはだしい疑問がつくし、またそうでなく、殺害の命令を受けた機関員があえてこのような方法をえらんだとすれば、命令を出した者を傷つけることを望んでしたことになり、北朝鮮の体制内部に不穏なうごきがあることを意味する。

いずれにしても、金正男殺害事件の真相はこれからも長く闇の中にとどまるであろう。しかし、連日国際的な報道の対象となっていたこの事件は3月30日、マレーシアと北朝鮮が遺体の引き渡しと、事件への関与を疑われていた北朝鮮の外交官と北朝鮮出国を禁止されていたマレーシア人の同時出国が合意されると、完全に報道の対象にならなくなった。これは驚いた変化であった。さながら、どこかで、誰かが、この件の報道は中止だと命令を出し、世界のメディアがそれに従った感があり、これまた恐ろしい経験だった。

2　北朝鮮弾道ミサイルの連射

かわって、北朝鮮の弾道ミサイルの発射の報道が2月、3月とつづき、米国の空母カールビンソンの日本海派遣の発表となって、われわれはまさに北朝鮮危機の中に落ち込んだのである。

まず2月12日に北朝鮮は、平安北道亀城付近から地対地中距離弾道ミサイル1発を発射した。高度550キロに達し、約500キロ飛行して、日本海に落下した。「北極星二型」の改良型と発表された。3月1日からは米韓合同演習がはじまった。すると、3月6日には、西海岸の東倉里付近から中距離弾道ミサイル4発が同時に発射され、うち3発が日本の排他的経済水域（EEZ）内に落下した。秋田沖300キロのところである。翌7日、朝鮮中央通信は、このたびの発射は「不測の事態が起きた場合、日本に駐留する米国帝国主義者の敵軍部隊の基地を攻撃する任務にあたる」砲兵部隊によって実施されたと発表した。これによって、米国が北朝鮮を攻撃すれば、米本土をいまだ攻撃できない北朝鮮は、日本にある米軍基地を攻撃する、その攻撃を実施するミサイル部隊がすでに存在し、このたび発射演習をおこなったということを明らかにしたのである。これは日本にとって極めて重大な発表であった。

4月に入って、6日から7日にかけて米中首脳会談がおこなわれた。トランプ大統領は習近平国家主席に北朝鮮への圧力を強めるように強く求め、中国から前向きな態度の表明を受けたとの発表がなされた。

首脳会談前日の4月5日、北朝鮮は弾道ミサイルの発射をおこなったが、失敗したとみられた。米国は、会談のさなかの7日、地中海の米艦船2隻から59発の巡航ミサイルを化学兵器を使用したことへの懲罰としてシリアの空軍基地に撃ち込んだ。8日には、原子力空母カールビンソンを西太平洋北部へ向かわせると発表した。14日には、アフガニスタンで大規模爆風爆弾（MOAB）を投下した。すべてが北朝鮮への威嚇であることがほのめかされた。北朝鮮の側は、16日、29日に弾道ミサイルの発射をつづけたが、これまたともに失敗におわったとみられた。米国は、4月19日に横須賀の空母ロナルド・レーガン艦上で、副大統領ペンスが「米国は圧倒的かつ効果的にいかなる攻撃も撃破する」と2500人の乗組員を前に演説した。しかし、月末には、トランプは北朝鮮の指導者との対話の可能性についても言及した。

5月14日、新型の弾道ミサイル「火星12」が発射された。平安北道亀城付近から発射されたミサイルは高度2000キロに達し、800キロ飛行して、日本海に落下した。これはロフティッド軌道をとった発射であったが、通常の軌道であれば、グアムを射程に入れる４０００キロの飛行能力をもつ可能性があると言われた。
こんどは、21日、平安南道北倉付近から「北極星2型」なる地対地中長距離弾道ミサイル1発を発射した。高度５６０キロまで上がって、約５００キロ飛行し、日本海に落下した。移動式発射台、固定燃料の使用が喧伝された。ついで29日には、江原道元山付近から弾道ミサイル１発が発射された。高度１２０キロに上がり、約４５０キロ飛行して、日本の排他的経済水域内に落下した。

この間、空母カールビンソンは4月末に日本海に到着した。5月に入って、横須賀を母港とする空母ロナルド・レーガンも加わり、空母2隻の体制で、北朝鮮に圧力をくわえた。しかし、5月の末には、マティス国防長官がＣＢＳテレビとのインタビューで「外交的手段でこの問題を解決できずに戦闘に陥れば、破局的な戦争になる」と指摘し、中国と協力して、対応していく姿勢を示した。いずれにしても、この3月から5月にかけての北朝鮮のミサイル連射は北朝鮮危機をはっきりと示したのであった。

3　北朝鮮が歩んできた道

今日の北朝鮮危機を正面から考え、それと対決するには、何よりもこの事態の主体である北朝鮮を理解しなければならない。このため、簡単に北朝鮮が歩んできた道についてふりかえってみよう。私は２０１２年に『北朝鮮現代史』（岩波新書）を書いている。くわしくは、それを見ていただきたい。

北朝鮮は日本の植民地支配から解放されたのち、ソ連軍の占領下におかれた。ソ連軍の占領下で、満州で抗日武装闘争をしていた中国共産党員で、ソ連にのがれていて、ソ連から帰国した金日成が指導者となって、１９４８年9月9日、朝鮮民主主義人民共和国を建国した。憲法にはソウルが首都だと明記されており、朝鮮半島南部を解放して、「国土完整」するつもりだった。これは大韓民国もおなじで、李承晩大統領は北進統一を切望していた。

１９５０年6月25日、北の軍隊は韓国を攻撃、武力統一の戦争を開始した。韓国軍は敗北して後退したが、米空軍の猛烈な爆撃とマッカーサーの仁川上陸作戦によって、北の軍隊を総崩れ状態に追い込み、10月には、38度線をこえて、自分たちの武力統一の戦争を進めた。しかし、そこに中国の人民志願軍35万人が参戦し、米韓軍は北朝鮮から退却した。北と南がそれぞれ試みた武力統一戦争は米国と中国によって阻まれ、戦争は朝鮮における米中戦争に転化した。戦線が38度線のあたりで膠着したのち、1953年7月停戦協定が国連軍と中国人民志願軍、朝鮮人民軍のあいだでむすばれ、戦争は停戦となった。

戦後北朝鮮では本格的に朝鮮労働党が指導する国家、党＝国家体制の建設、それに経済的には国家社会主義体制の国づくりを進めた。当初から民族共産主義、指導者崇拝の傾向が強かったが、党＝国家体制はソ連、中国、東欧と共通のものであった。しかし、1960年代後半―70年代はじめにいたり、私の見るところでは、チュチェ思想をかかげる「遊撃隊国家」、あるいは「首領制国家」（鐸木昌之説）とよばれる独特な体制に移行した。さらに1994年、経済破局の中で、金日成の死とともに、金正日の指導のもと、「正規軍国家」とよびうる非常体制、北朝鮮のいう「先軍体制」に移行した。

2010年自らの死のときが遠くないことをさとった金正日は自分の末の息子金正恩を後継者に指名し、「先軍体制」を党＝国家体制にもどした。翌年金正日が死ぬと、金正恩が党＝国家体制に支えられて、統治を開始した。軍事は金正恩が担当し、父以来の核武装路線をすすめ、経済は内閣が担当して、一定の改革政策をすすめ、ある程度国内的安定を実現するにいたった。強化されていく制裁体制の中で、あれだけの核開発、ミサイル開発をすすめうるということは、一定の経済的な余力が蓄えられていることを示している。

党＝国家体制の国としては東アジアに中国とベトナムがあり、ともに経済的には国家資本主義体制に移行して、経済発展に成功している。北朝鮮も社会主義の構えは維持しても、市場経済をある程度取りいれ、ある程度の開放政策をとっていけば、発展はのぞめる状態である。

だが、いま北朝鮮は外交的に孤立し、周辺国家との関係が緊張し、対外危機を打開することができない。北朝鮮は自分たちにとっての対外関係上の最重要な課題は、朝鮮戦争を終わらせ、米国との平和体制を構築することだと表明してきた。１９５３年7月の停戦協定は、中国人民志願軍司令彭徳懐と朝鮮人民軍最高司令官金日成を一方とし、国連軍司令官クラークをもう一方として結ばれた。クラークは国連軍加盟16カ国（米国、韓国、英国、カナダ、オーストラリア、ニュージーランド、フィリピン、タイ、フランス、オランダ、ギリシア、ベルギー、ルクセンブルク、トルコ、エチオピア、コロンビア）を代表していた。その後ジュネーヴ会議がひらかれたが、統一選挙の方案と外国軍隊の撤退問題で対立し、平和の取り決めは結ばれなかった。停戦協定で終わったまま、軍事的対峙がなおも続いている。

とはいえ、中華人民共和国は、開戦前に英国とは国交を結んでいて、停戦20年後の1973年以降、米韓両国をはじめ、15カ国と国交を結ぶにいたった。だから、中国にとっては、朝鮮戦争はもはや完全に過去のものとなっている。そのようにみると、朝鮮民主主義人民共和国の方も国連軍参加国16カ国のうちすでに13カ国と国交を樹立している。のこるは米国、韓国、フランスの三国だけである。韓国とはすでに特殊な関係を結ぶにいたっているし、フランスは平壌に貿易事務所をひらいている。だから、平和体制の問題は、結局のところ、朝米間の軍事的対峙状態を解消し、正常化を実現することにつきるのである。

北朝鮮は、朝鮮戦争のさい、横田と嘉手納から飛来する米空軍B－29機に猛烈な爆撃をうけ、全土が「石器時代」にもどるような被害をうけた。そのうえ、数次にわたり、原爆投下を準備中という報道におびえたことがあった。停戦後中国人民志願軍が撤退した1958年以後は、1961年7月締結の朝ソ友好協力相互援助条約、朝中友好協力相互援助条約によって守られてきた。北朝鮮は朝ソ条約によって核保有国ソ連の核の傘の保護をあたえられていたのであった。

4　冷戦終了時の北朝鮮の決断——3つのオプション

1989‐91年、世界史の巨大な転換が生じた。東西冷戦が終わり、ソ連は米国と和解した。東欧ソ連は韓国と国交を樹立した。北朝鮮は朝ソ条約が有名無実化し、ソ連の核の傘を喪失することを覚悟せざるをえなかった。やがてソ連・東欧の党＝国家体制と国家社会主義体制が崩壊する。中国はこれより17年も前に米国と和解して、転換していた。他方でベトナムは1975年に米国との戦争を全面勝利で終えていた。北朝鮮だけがこの大転換からとりのこされた。

北朝鮮はこの孤立の危機にさいして、自国の生きる道として、三つのオプションを採用したと確認できる。第一のオプションは、米国との軍事的対峙のために、自前の核兵器をもつことであった。1989年9月訪朝したシェヴァルナッゼ外相に対して、金永南外相が、覚書をわたした。「ソ連が南朝鮮と『外交関係』を結ぶなら、朝ソ同盟条約を自ら有名無実なものにすることになるであろう。そうなれば、われわれはこれまで同盟関係に依拠していた若干の兵器を自分のために調達するための対策を立てざるをえなくなるであろう。」（朝日新聞、91年1月1日）。

第二のオプションは、日本との国交樹立である。賠償であれ経済協力であれ、日本から新しい資金と技術を導入することが求められた。１９９０年金日成は金丸、田辺訪朝団と三党共同声明を出し、日朝国交交渉開始が表明された。

第三のオプションは、韓国との国家的共存の承認である。南北が国連に同時加盟することと（１９９１年実現）、クロス承認を受け入れることである。

５　核武装というオプション――北朝鮮の成功と周辺国の失敗

さて核武装、核開発という第一のオプションは米国の強い警戒と反対をよびおこした。はじまった日朝国交交渉にも米国は北朝鮮の核開発を念頭に横やりを入れて、交渉を打ち切らせた。第三のオプションから1991年には朝鮮半島非核化共同宣言が実現したので、第一オプションを維持することは宣言違反になる。だから、北朝鮮には迷いも逡巡もあっただろうが、核兵器開発疑惑の指摘と査察要求に反発して、1993年3月12日に核兵器不拡散条約（NPT）からの脱退を表明し、1994年には国際原子力機関（IAEA）からの脱退をも表明した。この結果、1993年と94年には北朝鮮の態度をみとめない米国との間に戦争の危機が現実化した。米国が、朝鮮戦争になったら100万人の死者が出るという計算によって、たじろぎ、カーター元大統領が平壌で金日成を説得して、戦争の危機は回避された。

米朝枠組み合意ができて、北は核開発をとめたかにみえた。しかし、ソ連の崩壊によって深刻な経済的打撃を受けた北朝鮮は、通常兵器のレベルを維持することが難しくなり、核兵器開発に執着する傾向を強めた。2000年の南北首脳会談からは、対話によって韓日との関係を正常化する動きが進んだが、同時多発テロを経験したブッシュ大統領が北朝鮮をイラクとともに、「悪の枢軸」と断定し、北朝鮮に圧力を加えた。北朝鮮はNPTにとどまることを表明、日米韓の合意でKEDOが発足し、軽水炉原発の建設、建設までの期間の重油供与をおこなうことになった。しかし北朝鮮が協定を履行しないとして、重油供与が停止されると、北朝鮮は２００３年1月、再度ＮＰＴ脱退を表明した。ここで中国の努力で、２００３年8月には核問題に関する六者協議が開始された。

この時点で北朝鮮の指導者は核兵器をもつことを公然と表明した。２００４年二度目に訪朝した小泉首相に向かって、金正日委員長は、核をもつ意図について率直に語っている。

「本日総理に申し上げたいのは、われわれが核をもっても何の利益もないということである。アメリカは傲慢無礼にもわれわれを先制攻撃するための方法がテーブルの上におかれているとしている。これではわれわれは気分がわるくなるばかりだ。相手が棒で殴るというのに、だまってはいられないのである。われわれの生存権のために核をもつようになったのである。生存権が保障されるのであれば、核は無用の長物である。」

金正日はアメリカのイラク戦争によりサダム・フセインの政権が打倒されたことに恐怖を感じたことを隠していない。

「アメリカは自分たちのしていることを棚にあげ、先に核放棄せよと主張しているが、言語道断である。核の完全放棄は敗戦国に対して強要するものだ。しかし、われわれはアメリカの敗戦国ではない。これはイラクのように無条件に武装解除しようとするものであり、受け入れられない。……アメリカが核兵器をもってたたくというのなら、ただ手をこまねいて黙っていたのでは、結局イラクのようになってしまう。」（日本外務省作成会談録、和田春樹『北朝鮮現代史』）

北朝鮮は２００５年２月の外務省スポークスマン声明で、核兵器を製造したと発表した。この年９月の六者協議声明は最後の重要な合意となったが、それはすでに美しい絵に終わる運命にあった。２００６年５月北朝鮮がテポドン２号の発射をおこなうと、小泉政権は最初の制裁措置をとり、ついで国連安保理が最初の制裁決議１６９５号を採択した。北朝鮮はこの制裁措置に反発するという形で、同年10月９日に最初の核実験を実施したのである。同じことが２００９年にも繰り返され、５月25日の第２回核実験となった。

やがて「核武装により安全保障がえられたので、経済建設にはげめる」というような言葉を北朝鮮当局者が語るようになった。２０１０年９月の訪朝のさいに私もこの趣旨の言葉をきいた。この段階では、北朝鮮は米国が北朝鮮を核保有国と認めたうえで、国交を正常化することを要求しているとみえた。

しかし、米国は北朝鮮を核保有国と認めることを拒否し、核兵器開発を放棄するように主張した。２００９年に大統領となったオバマは北朝鮮が彼の「核なき世界」実現の国際協力に対する敵対者だとみて、「戦略的忍耐」なる政策をとるようになった。北朝鮮を対象にする米韓合同軍事演習が年々規模も内容もエスカレートし、北朝鮮は強く反発した。２０１５年1月10日の朝鮮中央通信社の発表によれば、北朝鮮は米国に前日９日、メッセージをおくり、合同軍事演習を一時的に中止するならば、「核実験を一時的に中止する対応措置を講じる用意がある」と伝えたとのことである。それは反応のないままにおわった。２０１６年からは、いわゆる「斬首作戦」が宣伝された。これは、北朝鮮の最高指導者の殺害をめざす作戦のことで、米海軍の特殊部隊シールズの派遣によるとみられている。北朝鮮は強く反発した。

２０１３年には、北朝鮮は核兵器開発と経済発展の「並進路線」をうちだした。もとより、核兵器をもつということはそれだけではすまない。それを目標まで届ける手段が必要である。北朝鮮は第5回の核実験のあとは、ミサイルの開発に重点をうつし、さまざまの射程のミサイルの発射実験をつづけてきた。現在では米国本土にとどく大陸間弾道弾（ＩＣＢＭ）

の開発に猛烈な努力が注がれている。核弾頭の小型化にはすでに成功しているとの見方もある。

北朝鮮は今日核兵器を中核とする戦略思想を明らかに変化させている。北朝鮮外務省の3月6日のスポークスマン談話は次のように述べている。「現実は、米国とその追従勢力の核威嚇と恐喝に対処し、朝鮮半島と地域の平和と安定を守るための唯一の方法は、侵略者、挑発者を無慈悲に掃き捨てることができる核武力を、質量的に一層強化し、力の均衡を成し遂げることのみであるということをはっきりと示している。」米国の核戦力との「力の均衡」の達成をめざすということは北朝鮮にとって歯止めなき軍拡競争をいどむことであり、小国北朝鮮にとってあまりに危険な破滅の道である。大陸間弾道弾を完成したら、つぎは原子力潜水艦をつくって、潜水艦発射核ミサイルを搭載させ、太平洋に進出させなければならない。北朝鮮はソ連ではない。そのような軍備競争を進めることはできないはずだ。

6　朝米関係は危険な敵対関係に入った

米国は北朝鮮の核開発、核武装を阻止しようとして、完全に失敗した。オバマ大統領は「戦略的忍耐」という対北政策をとったが、それは、北朝鮮は「残忍で抑圧的」、「他に類のない独裁体制」であり、「このような体制はやがて崩壊する」と見て（２０１５年1月23日のインタビュー）、崩壊をうながすという政策であった。北朝鮮が非核措置を取らなければ交渉に応ぜず、制裁を継続強化していく、そして自滅においこむという政策であった。

もとより危険時には外科的手術も辞さないという選択肢を当然もっていただろう。オバマ大統領のアシュトン・カーター国防長官はかって、２００６年6月22日ワシントン・ポスト紙に国防次官補時代の上司ペリー元国防長官と連名で、論文“If Necessary, Strike and Destroy”を発表したことがあった。北朝鮮が長距離弾道ミサイル（テポドン2号）の発射をおこなおうとしているとして、それを阻止するための先制攻撃を提案したものであった。それは実行されることはなかったのだが、カーターが国防長官になったのだから、このオプションは研究されていたことは間違いない。

だが、北朝鮮は崩壊せず、制裁は効果なく、オバマ政権時代に北朝鮮に4回核実験をされてしまった。だから、トランプ大統領のティラーソン新国務長官らが、くりかえし、米国政府の「20年間の努力は失敗に終わった」と言ったのは当然である。

この間、アメリカ内部には批判の正論があった。ジョンズ・ホプキンス大学国際関係大学院米朝研究所は北朝鮮核問題の未来を研究しており、北はこの間着実に核兵力を増大させていると警鐘をならしつづけてきた。この研究所の論文シリーズにペンシルヴェニア州立大学のジョゼフ・デトーマスは、２０１６年1月に論文「北朝鮮問題を扱う際の制裁の役割」を出した。彼は制裁は"Hammer without nails"だと指摘した。彼は北の核能力を封じ込めるためには、直接的連絡接触が不可欠で、核凍結で合意するしかないとしている。だが、この正論はオバマに通じなかった。

トランプ政府は、明らかに、中国に対して北朝鮮への圧力を決定的に高めよと強く主張しながら、「すべての選択肢がテーブルの上にある」と述べて、軍事的なオプションがありうるかのよう威嚇した。シリア軍飛行場への巡航ミサイル59発発射は明らかに北朝鮮への威嚇であった。空母カールビンソンの派遣を発表して、大統領は「無敵艦隊」の派遣だとはしゃいだが、他方で金正恩との会談もありうるかのようにほのめかし、大分おそくなってから、空母2隻の演習で圧力をかけた。しかし、軍事的なオプションはあまりに危険なものであり、韓国、中国、ロシアからは強く反対されている。国民からの支持がなく、政策面、人事面で混迷をつづけるトランプ政権にはとても戦争ができる力はない。だから、トランプ大統領自身も、彼の長官たちも、北朝鮮との対話交渉もありうるかのようにほのめかしている。大統領自身、金正恩との会談についても言及した。しかし、北朝鮮との緊張が高まれば、いつの段階かで、この政権は軍事的手段を使うしかない、使っても、致命的なことはおこらないというような理屈を立てて、軍事的手段に出るかもしれないのである。この混乱した政権は、政権の危機を対外強硬策で切り抜けようとしないとも限らない。トランプという大統領に、北朝鮮との戦争を思いとどまるだけの知恵があるかどうか、誰にもわからないのである。

7　日朝国交樹立というオプション――永続的挫折

さて北朝鮮にとって、米国についで重要なのは日本との関係である。冷戦の終わりとソ連崩壊の危機の中で、北朝鮮が危機脱出の第二のオプションとしたのは、日本との国交正常化をめざすことであった。悲劇的なことは、核武装への前進という第一のオプションとこの第二のオプションが矛盾したことである。第一のオプションに反対した米国は第二のオプションを徹底的に妨害したのである。

日本との国交正常化は1990年9月の三党共同声明でうたわれ、91年1月から日朝国交交渉が開始された。それが1992年11月の第8回交渉で決裂した。「李恩恵（田口八重子）問題」を持ち出し、アメリカの求めに応じてIAEA査察の受け入れを主張したためであった。以後交渉は8年間も中断し、2000年4月にようやく再開されたが、3回会談をやっただけで、中断された。拉致問題を北朝鮮がきらったためである。その後2001年9月から秘密交渉がながく進められた結果、2002年9月日朝首脳会談がおこなわれ、平壌宣言が発表された。北朝鮮は拉致を認め、謝罪し、日本側は植民地支配がもたらした苦痛と損害に謝罪し、国交正常化後、経済協力を行うことを約束した。

会談がおわって、金正日委員長が小泉首相に「国交正常化ができたら、また会いましょう。あなたの活動で大きな成果があがることを期待します」とよびかけたのは象徴的だった。秘密交渉は米国に知らされずに進められ、官邸内でも安倍晋三官房副長官にも知らされず、外務省内でも北米局長らに知らされなかった。だから、直前になってはじめて知らされた米国は強く反発し、10月にケリー太平洋・東アジア担当次官補が平壌を訪問し、北朝鮮にウラン濃縮計画を問いただした。平壌から帰ったケリー氏は韓国と日本で北はウラン濃縮計画を認めたと公表し、圧力をかけた。

他方、「北朝鮮に拉致された日本人を救出するための全国協議会（救う会）」の幹部は北朝鮮との国交正常化にあくまでも反対しており、彼らは、交渉を中心的に担った外務省の田中均局長に集中砲火をあびせた。救う会会長の佐藤勝巳はこの年12月10日衆議院安保委員会での公聴人陳述で「私は、現在の金正日政権を個人独裁ファッショ政権というふうに理解をいたしております。」「この政権は、話し合いの対象ではなく、あらゆる方法で早く倒さなければならない政権だと考えております」と述べたのである。この政治勢力の活動によって、北朝鮮との交渉の中心に押し出されたのが、安倍晋三官房副長官であった。北朝鮮が一時帰国ということで、帰した5人の拉致被害者を家族のいる平壌にもどさせないという方針がとられ、日朝政府は衝突することになり、国交正常化交渉は一回で終わってしまった。

2004年小泉首相は再度の突破をはかり、5月22日「日朝間の不正常な関係を正常化し、敵対関係を友好関係に、対立関係を協力関係に変えることが両国の国益にかなう」と表明して平壌に向かった。首脳会談の冒頭、金正日委員長は「私から少し心配なことを申し上げたい。今回会談を行った後でその内容がすべて覆るようなことがあると、私は総理の相手役として演劇に出演したことになり、後には何もいいことが残らないようなことになってしまう」と釘をさした。「前回勇敢に措置を取ったので、拉致問題はそれで終わると思っていた。しかしながら総理が帰国された途端、複雑な問題が起こり、われわれは失望した。」小泉首相はこんどこそ正常化に向かうと断言したはずだが、結局、拉致被害者の家族の渡日を獲得しただけで、横田めぐみさんの遺骨問題での逆転により、ふたたび、日朝交渉を進められなくなってしまった。小泉首相は、安倍氏を後継者に指名するようになった。

２００６年９月安倍政権が誕生すると、安倍首相は三原則にもとづく新北朝鮮政策を打ち出した。①拉致問題は日本の最重要課題であるので、内閣に拉致問題対策本部を設置してとりくむ。②拉致問題が解決しないかぎり、国交正常化はおこなわない。③８人死亡の根拠は薄弱であり、全員生きていると判断する、全員を直ちに帰せば、問題解決と考える。この方針に立てば、北朝鮮の主張は完全に虚偽であるので、その態度をあらためないかぎり、交渉をすることはできないということになる。北朝鮮の現政権とは交渉しないということは、その打倒を願うことになる。安倍政権は制裁を強めて、貿易の全面停止、船舶の往来の全面禁止を実現した。それにとどまらず法令の厳密適用ということで在日朝鮮人と団体へのハラスメントをくりかえし、拉致対策本部を通じる北朝鮮向け放送を開設し、反北朝鮮宣伝を国の内外でくりひろげた。国内では青少年への宣伝につとめたのである。

これによって日朝国交交渉は完全にブロックされてしまった。安倍首相は、北朝鮮政府が崩壊してこそ、拉致問題の解決がのぞめると考えていたようだが、自分の政権の方がもたず、2007年安倍氏は首相職を辞任することになった。

この安倍首相の主張に反対して、日朝平壌宣言に立ち返ることを主張したのが、安倍退陣後、総裁選挙で勝利した福田康夫氏であった。福田首相は所信表明で、次のように述べた。「朝鮮半島をめぐる問題の解決は、アジアの平和と安定に不可欠です。北朝鮮の非核化に向け、六者会合などの場を通じ、国際社会との連携を一層強化してまいります。拉致問題は重大な人権問題です。すべての拉致被害者の一刻も早い帰国を実現し、『不幸な過去』を清算して日朝国交正常化を図るべく、最大限の努力を行います。」安倍から福田への政権交代の核心は対北朝鮮政策の転換であった。

福田首相は拉致対策本部の会合をひらかず、北朝鮮側と交渉して、2008年の6月と8月、制裁の部分解除をふくめて、日朝交渉再開で合意した。ところが、金正日が発作を起こして、静養に入ったという情報を入手したあとで、福田首相は国内政治の都合から、北と何も実現しないうちに、退陣してしまった。

以後の麻生政権では安倍路線が復活し、2009年に政権交代で生まれた鳩山・菅の民主党政権がこれを継承した結果、安倍路線が日本政府の不動の方針となってしまった。鳩山・菅政権は、対北朝鮮問題では、自民党議員よりも強硬な制裁論者であった中井洽を拉致担当大臣に任命し、あらたな北朝鮮ハラスメント（女子サッカーの入国阻止、朝鮮高校へ無償化措置の適用阻止）を企てさせ、黄長燁と金賢姫を招待するなどの北朝鮮刺激策をとった。とくに菅総理の時代には、拉致問題対策本部の会合を四回も開き、最後には自衛隊の派遣による救出を口走り、問題をおこす有様だった。野田首相になって、多少の修正を試みたが、時間切れで実らなかった。

２０１２年12月、安倍第二次内閣が成立すると、安倍首相は拉致問題の解決を誓って、交渉をもとめた。北朝鮮政権は崩壊しなかったので、修正を図らざるを得なかったということである。そこで、ウランバートルでの横田夫妻と孫ウンギョンとの対面を実現したうえで、２０１４年5月にはストックホルム合意をおこなうにいたった。合意の内容は、国交正常化の方向にもどることを前提として、北朝鮮に在朝日本人全面調査を実行してもらう、北が調査委員会を立ち上げれば、制裁の部分解除をおこなう、調査の結果、「在朝日本人に関する全ての問題」が解決すれば独自制裁は全面解除する、などを含んでいた。しかし、安倍首相は２００６年の三原則中の第三原則を見直していないため、２０１５年に、北朝鮮側が、拉致被害者は全員死亡という結論の調査報告書を出してくると、これはうけとれないという態度を示した。この結果、関係は断絶した。

いまや日本は北朝鮮との貿易関係もなく、人と船の往来もない、完全に関係を遮断して、敵対している。この断絶の中で北朝鮮は核兵器をもつにいたり、日本の米軍基地をねらうミサイルを実戦配備している。あるいは、小泉訪朝につづいて、日朝国交樹立を実現できていたら、北朝鮮の核武装がこれほどすすむことはなかったかもしれない。

8　北朝鮮危機の中で日本は戦争と平和の危機に直面している

本年春、北朝鮮のミサイル発射がくりかえされ、米国トランプ政権がこれに強い反応を示すと、安倍政権はただちにこれに同調する態度をみせた。3月29日には、自民党安全保障調査会などの合同部会で、小野寺五典氏は、敵基地攻撃能力の保有について政府に直ちに検討を求める提言をまとめ、30日首相に提出した。4月6日の読売新聞は社説「新たな脅威へ的確に対応せよ——敵基地攻撃能力」を掲げている。この日の朝、安倍・トランプ両首脳は電話会談をおこなったところ、中国の対応は、石炭輸入停止措置だけでは不十分であるという点で意見が一致し、米大統領は、すべての選択肢がテーブルの上にあると表明した。安倍首相は、直後のシリアへの米軍の巡航ミサイル59発発射の軍事行動に接して、米国政府の意図を理解すると表明し、さらに北朝鮮に対してもすべての選択肢をテーブルの上にのせたという米政府の表明を「高く評価する」と言い続けた。日本政府は、米国が北朝鮮に軍事行動に踏み切る際には事前協議をするように要請し、米側も応じると回答したと政府関係者が明らかにした（読売、4月12日夕刊）。さらに空母カールビンソンの日本海への派遣にさいしては、安倍首相は、海上自衛隊護衛艦に米空母との共同訓練をおこなわせ、さらには護衛艦に米艦防護の行動もおこなわせた。

そして、国民に対しては、4月21日、「弾道ミサイル落下時の行動について」と題したマニュアルをインターネットの専用サイトで公表した。「弾道ミサイルは、発射からわずか10分もしないうちに到達する可能性もあります。ミサイルが日本に落下する可能性がある場合は、国からの緊急情報を……お知らせします。——「メッセージが流れたら、落ち着いて、直ちに行動してください。屋外にいる場合、できる限り頑丈な建物や地下に避難する。

建物がない場合、物陰に身を隠すか、地面に伏せて頭部を守る。」

米海軍の対北朝鮮威嚇の行動を支持し、それに協力する自衛隊の行動をとった安倍内閣の政策は、明らかに、国際紛争の解決の手段として武力の行使ないし威嚇を用いないとした憲法9条1項違反であり、国民の安全を危険にする政策だと言わざるを得ない。国民に対して、何が問題であり、その解決のために、政府は何をしているかということを説明せず、ミサイルが落下してきたら、頭をかくしなさいというような無意味な警告を出していることは、政府としての責任をはたしていない態度である。

現在の危機から何がおこるのか、北朝鮮が日本に向かって、ミサイルを撃ってくるのか、戦争をしかけてくるのか、あるいは、米朝の関係が緊張するところ、北朝鮮が米国を攻撃するのか、米国に戦争をするのか、それとも、北朝鮮がミサイルの開発を進め核実験をくりかえしていると、米国がこれ以上許さないとして、北朝鮮に大々的な攻撃をしかけるのか、米国が戦争をしかけるのか、日本政府はどうみているのかを国民に説明すべきなのである。それはなされていない。

この春トランプ政権がこころみた対北朝鮮威嚇ははしなくも将来おこりうる米朝戦争の

姿をのぞきみせてくれた。それは環日本海戦争であり、米日対北朝鮮の戦争である。ながいあいだ、人々は朝鮮戦争が再現することを想像してきた。米韓合同演習が年々エスカレートしてきた前提も、戦争のイメージは、非武装ラインを超えて北朝鮮軍と米韓両軍が戦う朝鮮戦争型のものであった。38度線の北側には大量の野戦砲が配備されており、ソウル全域がその野戦砲の射程圏内に入っている。最初の一時間で５０００発から７０００発の砲弾が撃ち込まれるとみられていた。韓国では、人口の圧倒的な部分がソウル地区に住んでいる。在韓の外国人、アメリカ人も日本人も大多数がソウル地区にいる。だから、朝鮮で戦争が起きれば、韓国側だけでも１００万人が命を失う大惨事となる。だから、１９９４年に米国は北朝鮮との軍事衝突を回避したといわれているのである。

だが、事態は変わっている。今日では北朝鮮危機から発生する有事は朝鮮戦争の再現とはならないことが明らかである。このたび、トランプ政権のペンス副大統領、ティラーソン国務長官などが示唆したように、おこりうるのは、北朝鮮のさらなる核実験とＩＣＢＭの完成の特定段階をレッドラインとみとめて米国が北朝鮮の特定対象に対して攻撃を加えるところからはじまる戦争である。北朝鮮は米国と戦争をして、勝利することはできないことはわかっているし、戦争をのぞんでもいない。戦争すれば、北朝鮮は壊滅させられるだろう。だが北朝鮮は米国に攻撃されれば、米国に反撃する。ＩＣＢＭが使えれば、米本土を攻撃するつもりだが、それが無理とすれば、在日米軍基地を反撃攻撃する。これは完全に可能な目標となっている。ついで、グアムの米軍基地が攻撃対象となる。２０１７年の夏にこの目標が焦点化しているのである。

ここまでのかぎりは戦争は朝鮮戦争型ではない。米国の北朝鮮攻撃は日本海に展開する米海軍の艦船からのミサイル攻撃となる。オハイオ級潜水艦、駆逐艦、巡洋艦、原子力空母が参加する。空軍はグアム基地からB52、Ｂ１、Ｂ２が飛来する。香田洋二元海上自衛隊司令官の見立てでは、ミサイルは５００発から６００発が使用される。目標は北朝鮮のミサイル基地、核施設、38度線以北の野戦砲群であろう。

その攻撃をうけると、北朝鮮側は、米第7艦隊の本拠地佐世保と横須賀をミサイル攻撃するだろう。もちろん海兵隊飛行場の岩国、普天間、さらに空軍基地の嘉手納、横田、三沢も北のミサイル攻撃の目標になりうる。先に紹介した、本年3月6日の4発のミサイル同時発射についての北朝鮮中央通信の発表文が、はっきりと明示している。その次はグアムの米空軍基地へのミサイル攻撃である。日本の米軍基地が攻撃されれば、日本の自衛隊は日本への攻撃と認めて、米軍にしたがって、武力攻撃に反撃する。現在のところ、反撃の手段が乏しいが、すでに米日対北朝鮮の戦争となれば、あらゆる手段がつくされるだろう。かくして、北朝鮮危機からおこる戦争は、朝鮮戦争ではなく、環日本海戦争、米日対北朝鮮の戦争となるのである。

そうなれば、北朝鮮は、従来型の弾頭のミサイルによって、日本海側にある原子力発電所を攻撃することができる。それは原爆を投下したのと同じ効果をもつ。日本海側にある原発は、新潟県柏崎市刈羽に7基、石川県志賀町に2基、福井県には敦賀市に1基、美浜に1基、大飯に4基、高浜に4基、島根県松江市に1基、佐賀県玄海町に3基、合計23基ある。ほとんどが運転中止中だが、使用済み核燃料が貯蔵プールに保存されている。これらの原発を飛来するロケットから守る手段は講じられていない。

この戦争には、もはや勝者も敗者もない。米国は国土の大きな部分が被害をまぬがれるかもしれないが、北朝鮮と日本は完全に壊滅してしまうだろう。ついで、韓国もそのあとを追うかもしれない。

だとすれば、日本は米国が北朝鮮に軍事的な措置をとることを絶対にやめさせなければならない。もちろん北朝鮮が米国をそこまで威嚇することをやめさせなければならないのは当然だ。日本は米国と北朝鮮の間に体をいれて、戦争をさせないようにしなければならないのである。

あらためてくりかえすが、日本国憲法第９条第１項は「戦争と、武力による威嚇、又は行使は国際紛争を解決する手段としては、永久にこれを放棄する」と規定している。その規定の意味は国際紛争の非軍事的解決のための平和外交を義務付けているのである。だから、北朝鮮危機の中に立つ日本が平和国家だというなら、平和外交によって戦争の危機を打開しなければならないのである。

９　日本だけができる平和外交は日朝国交樹立である

そんなことが可能なのか。そのための手立てがあるのか。私は、そのための手段はすでにわれわれの眼前にあると考える。冷戦が終焉し、ソ連が崩壊したときに、北朝鮮が生き延びるために選択した二つのオプションは、自前の核兵器をもつことと、日本との国交樹立であったのである。彼らは第一の目標は達成した。それを認めてくれればいいのである。第二の目標を達成することはひきつづきの願いであるはずだ。これが達成されれば、北朝鮮と世界との関係が変わりはじめることになる。

日本は米国のこの地域での最大の同盟国であり、かつて米国が朝鮮で戦争をしたときには、日本を基地として利用した。これから米国が北朝鮮を攻撃するとすれば、日本と韓国は米国の最前線の基地として使いたいし、また防衛もしなければならないわけである。しかし、この情勢の中で日本が北朝鮮と国交を樹立するならば、日本を対北朝鮮戦争の基地として利用しにくくなる。米国も、日本が北朝鮮と国交を樹立すれば、北朝鮮を攻撃しにくくなる。他方で、北朝鮮は米国から攻撃をうければ、日本にある米軍基地を攻撃するつもりであるが、日本と国交を正常化すれば、日本を攻撃しにくくなる。

要するに、日朝国交を樹立すれば、日本は米朝という対立する二国のあいだに体を入れることになる。日本は北朝鮮との対話の先頭に立てることは明らかだ。

つまり、北朝鮮とのあいだでながく懸案のままになっている国交正常化を実現することが、日本の平和外交の手段となるのである。国交正常化は72年前に終わった植民地支配の清算を主な内容としている。このような課題の解決をこれ以上ひきのばすことも許されないことである。

10 オバマの「無条件キューバ国交樹立」はわれわれのモデルだ

日朝国交樹立へ直ちに前進するのに、よいモデルがある。オバマ大統領の成功モデル、「無条件キューバ国交樹立」である。アメリカにとっては、キューバとの関係を改善するのに、多くの障害があった。それを乗り越えて進むのに、オバマのとった「無条件国交樹立」というのは、名案だったと言えると思う。これにならえば、われわれも「無条件日朝国交樹立」に進むことができる。もちろんすくなくとも国交樹立後の一定期間は北朝鮮が核実験をおこなわないということは条件以前の前提であろう。

キューバは近代においてスペインの植民地であった。1898年、米国はスペインを追い出し、4年後キューバを独立させることに成功した。キューバは米国の保護国になった。1959年カストロ革命により、キューバは米国から独立したが、アメリカはこの革命をみとめず、グアンタナモ基地を返さなかったばかりか、反革命軍の侵攻を助けた。キューバは生き残りのため、ソ連のIRBMをうけいれ、これがもとでキューバ危機、米ソ核戦争の危機にいたったのである。これがフルシチョフとケネディの努力で回避された。

米ソは戦争を回避し、歩みよりをみせたが、米国とキューバの関係は険悪なままであった。一九七〇年代以来、世界の大国で隣国と国交をもたないのはアメリカ（キューバと国交なし）と日本（北朝鮮と国交なし）だけであるという状態がながくつづいた。米国がソ連と和解し、ソ連が終焉してしまったあとでも、米国はキューバを敵視しつづけた。これはあまりに不正常なことだった。

そこで、ついに、2014年12月17日にいたり、オバマ大統領とラウル・カストロ大統領は両国の関係正常化の開始を電撃的に発表した。これにはローマ法王の仲介とカナダ政府の援助があったと言われている。2015年1月、キューバ政府は国内の政治犯の釈放を開始した。本格的交渉は1月21日からハヴァナではじまり、2月にはワシントンで行われた。この間、2月からキューバにテレビ・チームの取材も入り、3月には航空機とフェリーのチャーター便も許可をえた。

4月14日、オバマ政府はキューバをテロリスト支援国のリストからはずすことを表明した。5月にはキューバ政府は米国内に銀行口座を開設した。そしてついに7月20日、両政府はワシントン、ハヴァナに大使館を開設した。議会が決めた経済封鎖措置の基本はもとのままであり、グアンタナモ基地も返還の意志がないことを米国は表明していた。

国交樹立以後、経済面での活動の拡大が進んだ。郵便業務は12月11日に再開され、17日には航空機の定期便開始の協定が結ばれた。オバマ大統領は２０１６年3月20日に財界人とともにキューバを訪問した。

オバマ・モデルは示唆的である。国交を開いて、大使館を開設して、それから協議をして、さまざまな制裁措置を徐々に解除し、交流を拡大していくというやり方である。

日朝間では、すでに２００２年の日朝平壌宣言が存在している。オバマのモデルにしたがえば、平壌宣言を再確認する共同声明を出して、国交を樹立し、現状を基本的に維持したまま、大使館を平壌、東京に開設し、三つの問題（①経済協力について、植民地支配の清算事業について、②拉致問題について、在朝日本人問題について、③核・ミサイル問題について、経済制裁の解除について）で交渉を開始することができる。

現状を基本的に維持したままということは、日本は経済制裁を維持したまま、北朝鮮は核兵器を保有したまま、拉致問題の従来の回答を維持したままで、国交を樹立して、その新しい基盤の上で、一切を国交のある国同士の交渉で前進をはかるということである。

平壌宣言には、「過去の植民地支配によって、朝鮮の人々に多大の損害と苦痛を与えたという歴史の事実を謙虚に受け止め、痛切な反省と心からのお詫びの気持を表明した」ことが明記され、その表明にもとづいて、国交正常化後に、「無償資金協力、低金利の長期借款供与、及び国際機関を通じた人道主義的支援等の経済協力を実施する」ことが約束されている。したがって、この経済協力のための合意文書を作成することが両大使館の協議の第一の課題であろう。この交渉の進展は、北朝鮮が核実験の停止をつづけるかどうかにかかってくる。拉致問題の交渉も、国交を樹立したあとなら、じっくりと、被害者家族による現地調査も実施して、実のある交渉を進めることができるはずである。

核ミサイル問題については、日本は、核実験をこれ以上しないでほしいと交渉し、ミサイル発射については、落下水域での日本人漁民の安全を脅かさぬよう、事前通告をしてほしい、日本の上空を越えるミサイル発射はやめてほしいと要求することが急務である。そして、核ミサイル開発のスピードを減速するならば、日本の経済協力を開始するというつもりで、経済協力の交渉をすることができる。

国交正常化すれば、日本政府はさきごろの日韓合意を前提として、ただちに北朝鮮の慰安婦被害者とその遺族にたいして謝罪の言葉をつたえ、一定の金額をさしだすことができる。韓国に10億円さしだしたのであるから、同じ基準で5億円をさしだすのがよいであろう。さらに被爆者については、大使館が開設すれば、ただちに被爆者手帳を交付し、被爆者援護法の規定による援護手当の支給を開始できるのである。

その他にも、貿易の部分的解禁（マツタケ、あさり、かにの輸入）も実施し、船舶の往来、チャーター便などは一定の範囲で解禁されることがのぞましい。人の往来、文化交流、人道支援などは、ただちにはじめられる。日本からはN響の平壌公演、日本の歌手の公演、大相撲の興行、展覧会（広島、長崎での米国原爆被害など）を実施することができる。

11　安倍首相は日朝国交樹立に踏み切るべきだ

現在米国と日本が中国、ロシアを含めた周辺諸国をまきこんで国連安保理で進めている北朝鮮制裁の強化の方策は、北の核ミサイル戦力増強をやめさせるのにやはり効果がないだろう。中国とロシアが北朝鮮を完全に屈服させる方策をとると考えるのは無理がある。かりに中国が原油の輸出を停止するようなら、ロシアが代わって原油を提供するだろう。中国が提案する六者協議再開は重要な方策だが、北朝鮮は自国のみが被告席につくような会議への不信感をすでに抱いている以上、六者協議の再開から対話をはじめるのは難しい。北朝鮮の国際環境を後戻りできないように変化させた上で、対話を開始し、それによって六者協議を新しい条件、新しいテーマのもとで再開することがのぞましい。日朝国交樹立はそういう新しい条件となりうる。

米国トランプ大統領の政権は米国史上もっとも脆弱な政権である。北朝鮮に対して、責任ある、思慮深い政策はとりえない。迷っているかぎりは、自身も金正恩と会う可能性があることを示唆しているくらいだから、日本が国交樹立の道にすすむことに反対することは今回はないはずである。

韓国の文在寅大統領は就任早々北朝鮮への働きかけを性急に進めて、失敗した。北が応えないからと言って、こんどはＴＨＡＡＤを全面的に実施するというような動揺した態度では合目的的でない。南北関係の改善は北朝鮮の目下の視野にはいっていない以上、文大統領は日本のイニシアティヴを歓迎するだろう。

もとより、肝心の日本政府にイニシアティヴをとる気があるかどうかがもっとも重要である。日米同盟の強化だけを語り、トランプ大統領の無責任な威嚇政策に追従している安倍首相が日朝国交樹立というオプションを採用する可能性がはたしてあるだろうか。

しかし、安倍首相はどうしてもこのことから逃げることはできない立場にあるのである。安倍首相は、拉致問題で自らの政治的な地位をたかめて、小泉首相から後継者指名された人である。拉致被害者家族会に全員の帰国をかちとるかのような空約束をして、その履行を迫られている。安倍首相は拉致問題の解決を前進させるために努力する、そのための意味ある交渉をおこなう義務を負っているはずだ。北朝鮮国家が死亡したと回答した拉致被害者を生きているはずだとして交渉することは、まともな外交官ならできないことだ。死亡した状況を説得的に説明してくれと交渉することは可能である。死亡したといわれている拉致被害者の中に、生存しているのに死亡したとされている人がいるのかいないのか、たしかなことは誰にもわからない。しかし、そういう人が一人でも二人でもいると想定するのが合理的なら、また知られていない拉致被害者がまだ残っているなら、その人々を救出するために意味ある積極的な努力をおこなう義務がある。拉致問題についてレベルをあげた交渉を長期間つづける必要がある。そのためには、交渉のテーブルを一新しなければならない。つまりまず国交を樹立してから、大使が交渉をつづけるのが合理的なのである。とすれば、日朝国交樹立は安倍首相にとって拉致被害者家族に対する約束をはたす道である。

12　東京オリンピック開催のためにも米朝戦争をふせがねばならない

安倍首相は、２０２０年のオリンピックの東京開催を国策として推進した首相である。

だが、東京オリンピックの開催は、いまや日本国民全体の事業として認識されているのであろう。オリンピックを無事開催するためには、首都における直下型の地震がおこらないことが必要だが、地震は人間の力では防ぐことはできない。だが、東京オリンピックを無事開催するために、この地域、環日本海地域、東北アジアにおいて戦争がおこってはならず、平和が保証されなければならないのである。地震とことなり、戦争は人間の努力で、政治と外交によって防ぐことができる。２０２０年にむけて、地域の平和を確保することは、東京オリンピック主催国日本の首相の最大の責任事項であるばかりではない。それは日本国民の責任である。そのために与えられた唯一の手段の実現を、日本国民は求めるべきであろう。

今一度、安倍首相に言いたい。安倍首相は平和国家日本の首相として平和外交の道に立ち、日朝国交樹立に踏み切るべきだ。そうすれば、米国、北朝鮮、日本、韓国、中国、ロシアを救うことができる。もしも、そうすることができないのなら、首相の座から降りていただきたい。

Ⅱ

北朝鮮危機をめぐって著者にきく

政府の警戒広報の軽さ、無責任さ

——私はテレビで政府が「弾道ミサイル落下時の行動について」という警告を公報しているのを見て、おどろきました。「ミサイルが日本に落下する可能性がある場合は、国からの緊急情報をお知らせするから、メッセージが流れたら、落ち着いて、直ちに行動せよ。屋外にいる場合は、頑丈な建物や地下に避難せよ。建物がない場合は、物陰に身を隠すか、地面に伏せて頭部を守れ」と言っています。政府は、ミサイルはとめられない、ミサイルが落下してきたら、かくれてくれ、万事自己責任だ、運がよければ生き延びられる、とでも言うつもりなのでしょうか。地震とミサイルはちがうでしょう。こんな公報をする政府は異常だと思います。

私も同じ意見です。１９５０年代にアメリカでソ連の攻撃にそなえる防空訓練をやって、核攻撃を受けたら、机の下にかくれろ、頭の上に両腕をのせろというような指示が子供たちになされたという話が最近『朝日新聞』の天声人語に出ました。これは有名な話ですが、広島、長崎を知っている日本人は、最初からばかげた指示だと考えました。60年以上もたって、自国の政府がこんな公報をするなんて、思いも及びませんでした。

政府なら、弾道ミサイルが飛んで来る、日本に落ちるかもしれないから、注意せよというだけでは、すまないはずです。政府が国民に説明するとすれば、最低次のことぐらいは言わなければなりません。北朝鮮のミサイルが飛んでくるかもしれないと心配しているかもしれないが、政府は、そのようなことにならないようにこれこれの努力をしている。ミサイルが日本をねらって飛んで来る事態を防ぐために最善の努力をはらっているし、これからも払う。万が一、ミサイルが飛んできたら、自衛隊がうちおとす。そのための備えもしている。しかし、撃ちおとせないで、ミサイルが着弾するかもしれない。それだから、ミサイルが飛んできそうだという事態になれば、すぐに警報をだすので、北朝鮮のミサイルがねらうターゲットの米軍基地からはなれたところに避難してほしい。また北朝鮮のミサイルは原子力発電所にもとんでくるかもしれないから、原子力発電所の近くの人は、できるかぎりはなれたところに避難してほしい。万が一、ミサイルが着弾したら、うろたえずに、被害の状況に即して、対応救援措置をとってほしい。

そのように言われれば、国民も自分の問題として、考え、政府を助けて、生き延びるすべを探る気持ちになるでしょう。いまの警報がいい加減なものになっているのは、政府がミサイルがとんでくるというようなことはありえないと思っているからではないでしょうか。日米安保条約があるから安心だ、米国が北朝鮮のミサイルが飛んで来るような事態は阻止してくれると信じ切っているのでしょう。

ところで、日本を訪れている外国人観光客はどうなるのですか。ミサイルが飛んでくるかもしれないから、警報を聞いたら、このように行動してほしいと説明がなされているのでしょうか。自国民のことだけしか考えないのなら、外国人の旅行客を誘致したり、受け入れたりすべきではないでしょう。

テレビ、新聞、専門家の意見

——テレビは北朝鮮がミサイルを打ち上げると、朝から夕方まで、ニュース・ショウで取り上げています。コリア・リポートの辺真一さんも、共同通信の元平壌支局長磐村和哉さんも、すっかりおなじみになりました。お二人の話をきいて、すこし気分がおちつきますが、これからどうなるのかはわかりません。マスコミの報道をどう考えますか。

テレビには局としての主張を述べる論説の時間がありません。新聞には、社説欄があって、社としての主張を述べています。産経新聞、読売新聞と朝日新聞、毎日新聞、東京新聞では主張がことなることはよく知られています。しかし、北朝鮮問題については、あまり違いが目立ちません。

新聞社は専門家を登場させて、大きなスペースを与えて、発言させています。これまで各紙に広く登場して、たびたび意見をのべているのは、南山大学教授の平岩俊司氏です。平岩氏は日本の北朝鮮専門家の代表的な存在です。多くの著作がありますが、『北朝鮮は何を考えているのか――金体制の論理を読み解く』（ＮＨＫ出版、２０１３年）の筆者として力を示した人です。

この間、平岩氏はまず4月29日の『朝日新聞』で、北の核実験やミサイル発射は、「力を背景に米国と交渉し」、朝鮮戦争の平和協定を結び、「戦争状態を終わらせることを求めている」手段だと説明しました。適切な判断です。緊張はつねにあったが、「今回の危うさ」はトランプ政権と金正恩政権の双方にあり、「相手の出方を読み誤る」と、軍事衝突になる可能性があると警鐘をならしました。平岩氏も「局面打開のカギを握るのは中国です」と言うのですが、中国は北をしめあげて「崩壊させることは絶対にしません」として、解決はむずかしいとつきはなしています。

5月15日には、こんどは『読売新聞』に出て、あらたなミサイル発射は、ＩＣＢＭ開発を米国に意識させ、「直接対話をはじめたいという狙いが透けて見える」と述べました。これまた妥当な見方です。しかし、米国のとりうる方策として、核やＩＣＢＭ開発の凍結だけにとどめるという安易な妥協の可能性もあることを指摘し、日本としてはこのような妥協は「すでにミサイルの射程圏内にある」以上受け入れられないと主張したので、少々おどろきました。他方で、米国が北朝鮮に軍事攻撃を行うという可能性があるが、これは「危険な考え方」で、日本は反対しなければならないとしています。「凍結」論による妥協と軍事攻撃という米国の両極端の政策に反対することが主張され、では米国はどうしたらいいのか、については、提案がありません。

7月6日になると、平岩氏は『毎日新聞』に出て、北朝鮮の想像以上のスピードでのミサイル技術の開発をみとめ、「現状は北朝鮮のペースになりつつある」と評価しています。米国が対話の道筋をさぐる段階に入っているので、日本も「6か国協議の再開の必要性を地道に訴えていくことが必要だ」と主張しました。前日の5日には『読売新聞』にも出ていて、「6か国協議が現実的」と同じ主張を出しています。しかし、7月31日には、『読売新聞』の「聞く」欄に出て、日本は「対話路線のシナリオにも備えるべきだ」、「核兵器開発の凍結といった安易な妥協を米国がすることがないよう」主張していくべきだと5月の提言を繰り返しています。

ということになると、平岩氏は六か国協議の再開をもとめるが、核ミサイルの「凍結」論を退けて、核ミサイルの「放棄」で北朝鮮に圧力を加えようと主張していることになってしまいます。『北朝鮮は何を考えているのか』の結びで、北朝鮮がいだく米日韓に対する「払拭しがたい不信感」を指摘し、国際社会の側の対応も問われていると述べた平岩氏の立場からして、このような印象を与えるのは、本意ではないでしょう。やはり、まず「凍結」論で交渉をはじめることを主張することが必要なはずです。

他の専門家は「凍結」方式をとって、対話すべきだと主張しはじめています。防衛研究所から内閣官房副長官補付もやって、いまは政策研究大学院教授である道下徳成氏は『朝日新聞』6月13日に登場して、「日本の対北朝鮮政策は、効果的な経済制裁、強力な防衛体制、真剣な対話の三つの柱をバランスよく組み合わせることが大事です」と主張しました。はじめの二つはある程度確保されているので、「残されているのは、『ウィン・ウィン』を目指した真剣な対話です」と言い切っています。その中身は「北朝鮮が核・ミサイル開発を凍結する代わりに、日本が韓国などとともに北朝鮮の経済・社会を復興させるための支援」をおこなうことだと提案しました。

武貞秀士氏は防衛研究所をへて現在は拓殖大学特任教授です。7月6日、『毎日新聞』で、「北朝鮮は米国がその脅威を認めて不可侵条約を結ぶという確証が持てるようになるまで、ミサイルの発射実験を続けるだろう」とし、「トランプ米政権は中国に過度の期待を寄せてきたが、効果が薄いことは分かってきたはずだ。やはり米朝会談や日朝協議を再開させて安保対話を進めていくしかない」と主張しました。

伊豆見元氏は現在は東京国際大の教授で、政府にも助言してきた専門家です。氏も7月30日の『朝日新聞』に登場して、米国と国際社会がいくら北朝鮮を憎んでも、「まずは核・ミサイル開発を凍結させるための交渉を始めるしかない」と言い切っています。中国については、「中国が本気で北朝鮮に圧力をかけることは今後もないだろう」と述べ、「結局は、米国が交渉に乗り出すしか道はない」、「日本も、北朝鮮への圧力一辺倒ではなく、米国と北朝鮮の交渉を後押しすべきだ」と主張しています。

雑誌の論調

――こういう議論は月刊雑誌でも展開されているのでしょうか。

3月に出た4月号では、『文藝春秋』の特集「北朝鮮と中国を侮るな」が目立ちました。もっとも重要な論文は朝日新聞のソウル支局長牧野愛博氏の「金正恩暴発の日は近い」です。氏の結論はこうです。「これから国際社会の制裁が厳しくなれば、しわ寄せはまず、弱い一般市民に向かうだろう。……そうなれば、社会が不安定になることも十分に考えられる。直情型で尊大な正恩が、興奮し、テロや武力挑発に走る可能性は否定できない。」

5月号では、『正論』の特集「絶望の朝鮮半島」です。古森義久氏の「アメリカが北朝鮮を攻撃する日」がジョージ・ワシントン大学のラリー・ニクシュ教授の評価を紹介しています。従来、米国の北朝鮮への軍事攻撃は、全面戦争をまねき、韓国に大惨事をもたらすので、現実的なオプションとならないと考えられてきたが、北朝鮮の北西部の弾道ミサイル発射基地などへのミサイル攻撃をおこなった場合、北朝鮮は全面的な反撃を避けるのではないか、だから、この方策は、最も現実的なオプションとして浮かびあがっているというのです。

さらに『Ｖｏｉｃｅ』は「半島大乱」という特集をくみ、高名な作家百田尚樹氏と上念司氏の対談「トランプの核が落ちる日」を載せています。百田氏は、「アメリカは、日本のように北朝鮮の大陸間弾道ミサイルが完成するまでじっと黙って見ている国ではないですから、北朝鮮の技術が完成する前に当然、軍事行動に出るでしょう」と語っています。ところが、「ソウルと東京が共に火の海になることを承知のうえで、アメリカは北朝鮮への先制攻撃に踏み切るつもりなのでしょうか」と対談者に質問されると、突然「東京に核ミサイルが撃ち込まれたら、日本はもちろん、世界経済に与えるダメージが計り知れないから、アメリカにとっては思案のしどころでしょう」と簡単に楽観的願望に逃げこんでいます。

『ＳＡＰＩＯ』は、作家・元外務省主任分析官佐藤優氏の文章「米国の『金正恩暗殺』に日本は協力するしかない」を載せました。筆者は３月６日のミサイル発射が在日米軍基地を標的にするものであったことを強調し、「日本の領土が攻撃される」とした上で、日本政府は話し合いで北朝鮮と折り合いはつけられない、日本にはカードがない、と主張します。米国は「特殊部隊を北朝鮮に派遣し、金正恩・朝鮮労働党委員長を『中立化』する」ことを考えるだろう、「中立化」とは情報業界用語で「殺害」を意味すると述べて、この作戦に「日本が積極的に参加するほかはない」と論証抜きで断定しています。筆者の真意ははかりかねますが、この文章は『読売新聞』4月24日の論壇時評にとりあげられました。

6月号になると、今度は『中央公論』が特集「北朝鮮の暴走、韓国の迷走」を組みました。中心は自衛隊元幹部の鼎談「第三次世界大戦も杞憂ではない」です。航空自衛隊の司令官永岩俊道氏は、「北朝鮮に対して、先制攻撃を敢行するにしても、それが第三次世界大戦を誘発することになってはいけない」と言い、「北朝鮮側の反撃によって、日本や韓国に戦火が拡大するリスクが高い」と言うのですが、なぜか日本の危険については軽く考えていて、「日本にミサイルが飛んでくる可能性もないわけではない。在日米軍ではなく日本の主権の存在するエリアを攻撃された場合はどうするのか」と述べるだけです。

海上自衛隊艦隊司令官であった香田洋二氏は、アメリカが攻撃することができず、「北朝鮮が核を持ち、ＩＣＢＭを持つことが、真に最悪のシナリオだと考えている。何をするか分からない国家が、どんな国でも恫喝することができるようになることは、人類にとって最大の脅威である」と述べています。アメリカが武力攻撃をして、「最悪のシナリオ」を阻止してほしいというのでしょうか。

この二人の間で陸上自衛隊の陸将山口昇氏は何を言われようとするのか、わかりませんでした。ただ、最後に「普段、安全保障について考えていない人達ほど、極端に振れやすいものだ。ある日、『北朝鮮を攻撃せよ』といった世論で日本が一色にならないことを望むばかりだ」と言われたのは、理解できますが、それだけでとまっていていいのかと思わざるを得ませんでした。

以上のような論調とまったく異なり、具体的な提言を出しているのが、民族派の南丘喜八郎氏が主管する月刊誌『月刊日本』です。同誌6月号は「安倍政権は北朝鮮との対話に踏み切れ」という特集を組んでおり、私は目をみはりました。亀井静香議員の「日本は、韓国・北朝鮮とがっちり手を結べ」、元公安調査庁局長菅沼光弘氏の「日朝国交正常化をためらうな」、東郷和彦元外務省参事官の「トランプは金正恩と交渉せよ」の三本を載せています。

雑誌ではありませんが、同じく真剣な民族派の一水会の月刊新聞『月刊レコンキスタ』6月1日号は一面のトップに「安倍総理は米国に先駆けて再度平壌を訪問せよ！　菅官房長官・二階幹事長の下、強力布陣で日朝国交正常化交渉に挑め！」という大見出しをかかげ、ライフ・コーポレーションのCEO清水信次氏の「宰相論」を載せています。清水氏は先の戦争を国家の犯罪だと考えている戦中派の経営者です。これら民族派の雑誌と新聞は、まるで別世界の言論とみえます。

7月号の『世界』に載った私の論文「北朝鮮危機と平和国家日本の平和外交」はあきらかにこの民族派の主張につづくものとなりました。

7月号では他に『潮』が特別企画「世界の道標」の最初に船橋洋一氏の「朝鮮半島『非核化』への道はあるか」を載せています。朝日新聞の主筆をつとめた大記者が「金正恩の独裁体制があまりにも強固なため、クーデターは起こりにくい状況です。そうなると、次の選択肢は『金正恩斬首作戦』となります。ただ、それも、金正恩を暗殺してクーデターを起こしたとしても、受け皿を用意しなければなりません」と書いているのを読んで、本当におどろいてしまいました。金正男が殺されたので、いまは『斬首作戦』も難しくなったとして、提案されるのが、六者協議に代わる「北朝鮮を抜いた五者協議の枠組み」をつくることです。核開発凍結、核実験ミサイル発射停止が約束されるなら、経済制裁を解除するという案が提案されています。妥当な提案ですが、それを導く論理構成は相当に乱暴です。

『潮』7月号にはもう一本、論文があります。すでに『朝日新聞』への寄稿を紹介した道下徳成氏の論文、「北朝鮮問題最適のアプローチを考える」です。「実際にアメリカが軍事力を行使するとは考えにくい。」「北朝鮮がすぐに日本を攻撃するとは思えない。日本に本格的な攻撃があるのは朝鮮半島で戦争が勃発した場合だけであろう」とやや楽観的な見通しを立てた上で、持論の「制裁・防衛・対話という三本の柱をバランスよく組み合わせた対応」を日本がとるべきだとしています。その上で、ここでは対話については、こう述べています。日米韓を中心に北朝鮮に「まずは、核開発とミサイル実験の凍結を約束させる。引き替えに、北朝鮮の経済社会状況を改善させることを目的とする開発援助プログラムを策定し、徐々にこれを実行に移していく。」

結論的には、船橋案と道下案は通じ合っています。問題はどうしたら、そのような方向にドアをあけることができるかです。具体的な方策を考えることが求められています。

国会の中で、野党は

――野党はどのような態度でしょう。野党が北朝鮮問題で何か政府の政策を批判して、何か新しいことを要求しているようにはみえないのですが。

現在の最大の問題は、第一野党の民進党には、北朝鮮危機に対応する党の認識、方針がないことです。つまり、完全に政府与党と区別がつかない状態です。民進党は自分たちが政権を担当していた時の北朝鮮政策、拉致問題政策を検証して、出直しの一項目にしなければいけないのに、それがまったくなされていません。

それにしても菅首相の時代は東北大震災があった大変な時でしたが、対北朝鮮政策はひどい状態でした。もちろん2010年に韓国併合100年の菅首相談話を発表したのは功績です。朝鮮植民地支配に対する反省とお詫びの気持ちに北朝鮮にもむけられていることは国会での首相の答弁で、確認され、日朝平壌宣言にのっとり、拉致、核、ミサイルといった諸懸案を解決し、国交正常化を図る方針にかわりはないと表明されました。しかし、その方向には何もなされませんでした。逆に、拉致問題については、菅首相は、拉致対策本部をなんども開催し、そのつど、救う会、拉致議連、対策本部スタッフのいうなりに、被害者の帰国が実現していないのは「慚愧にたえない」とか、「政府一丸となって猛進する」などの言葉だけをエスカレートさせ、それでつっこまれて、ついに自衛隊の派遣による救出を口走るにいたりました。朝鮮高校への無償化措置の適用問題にも改善措置をとらず、最後の瞬間にこの措置の適用を進めるように指示しただけで、結果を出せませんでした。

野田内閣に代わって、北朝鮮に対してすこし新しい政策が試みられたような気配がありましたが、それがどういうものだったかは、いまだにはっきりしていません。

政権を失った後の民主党では、北朝鮮政策を考える議員グループもなくなっています。安倍政権の安保法制の動きにあれだけ抵抗したのに、北朝鮮危機に対する対応がないのは問題です。

２０１７年５月３日、憲法記念日の有明臨海公園集会で、各党代表の話を聞きました。

最初に登場した民進党の蓮舫代表ですが、北朝鮮問題にまったく触れませんでした。この点はあとから登壇した社民党の吉田忠智代表も同じでした。他方で、共産党の志位委員長は明確に北朝鮮危機にふれていました。「北朝鮮の核・ミサイル開発は断じて容認できません。同時に、その解決の方法は、外交的解決しかありません。破滅を招く軍事力行使は絶対にやってはなりません。」（赤旗、5月4日）

共産党は、北朝鮮労働党と50年前までは友党であり、緊密な協力関係にあったのですが、1968年以来、対立し、1983年のラングーン事件を公然と批判して、断絶状態になりました。大韓航空機爆破事件、拉致事件でさらに批判をつづけたためか、1990年代はじめ日朝国交交渉がはじまったときには、その動きに無関心で、金正日体制を公然と批判する活動を展開していました。ようやく1999年になって、不破哲三議長の提起から、党としての批判とは別に、国家レベルでの関係打開、国交正常化が必要だという考えを確立して、変化してきました。

『赤旗』をみると、北朝鮮がミサイルを発射するたびに志位委員長談話を出し、「暴挙に強く抗議する」といい、経済制裁をつよめることをいいながら、外交交渉で「非核化」をはかることを主張しています。３月７日の北の発表は「在日米軍攻撃を想定」という見出しで報じられていますが、特別の注意がはらわれているように見えません。

しかし、４月に入って、米国がシリアに対する59発の巡航ミサイル攻撃をすると、『赤旗』は４月９日、一面トップで「米のシリア攻撃に批判」という見出しで、孫崎享氏らの意見を載せました。11日には、「外交的解決以外に道はない」という見出しで、小池晃書記局長の米ティラーソン国務長官発言批判を載せました。

14日には、志位委員長の意見が「米国は軍事的選択肢をとるな／外交交渉のなかで北朝鮮の非核化を」という大見出しで、一面トップに載りました。

16日には、囲み記事で「軍事攻撃は破滅的事態招く」を載せ、「在日米軍が攻撃に参加した場合、米軍基地が攻撃対象になります」と書いています。

そして21日には、一面全部をあてて、早稲田大学の李鍾元教授の意見を載せました。「衝突回避へ外交に舵切るとき／非核化みすえ解決の枠組みを」という大見出しがつけられています。李氏は短期的には北のミサイル開発を「凍結」することが大事だが、そこに目標を設定すれば、北を核保有国と承認することになってしまう。だから、あくまでも「非核化」を目標にして解決の枠組みをつくらねばならないと言っています。しかし、日本のとるべき態度については、日朝平壌宣言を引き合いに出して論じ、北朝鮮にとって、「米国から圧力をかけられているとき、米国との仲介をしてくれるなら、日本の価値は高い」と、外交的な役割をうながしています。李教授の提言もそんなに明確なものではないのですが、『赤旗』のこの月の紙面では、日本がなすべき外交努力の内容に触れた最初の意見で、読者に有意義であったと考えられます。

『赤旗』は、4月28日にも、志位委員長の「対話による解決強く求める」という記者会見の記事を一面トップに載せているように、連日のように、北朝鮮危機への注目を訴え、米国の軍事的行動に反対し、外交的解決を求めました。これは野党の中では断然評価すべき動きです。しかし、日本はどうすべきだという主張が明確でないように感じられました。北朝鮮問題というのが共産党には扱いにくい問題だというところがのこっているのかもしれません。

社民党は小さな勢力になって、社会新報の影響力もかぎられています。社民党は共産党と朝鮮労働党が絶縁したあと、朝鮮の党により近くなり、大韓航空機爆破事件でも、弁護的な態度をとりました。そのため親北勢力だとみられ、拉致問題にまったく働かなかったとして、攻撃され、土井たか子委員長が２００３年の選挙区選挙で落選させられるにいたりました。以後社民党は北朝鮮との関係を断ち、党中央の代表団が北朝鮮を訪れることはありません。しかし、村山富市最高顧問は日朝国交促進国民協会の会長をしているのです。地方では、社民党の組織が自治労などの組合と一緒になって、日朝友好親善，平壌宣言支持、国交正常化促進、朝鮮学校支援の活動をなおつづけています。それだけに、党の中央の北朝鮮問題への消極性が目立ちます。

この春には、週刊の『社会新報』は主張欄で三回朝鮮問題をとりあげました。4月19日号は「シリア攻撃、米朝戦争へ自動参戦する危機切迫」という題で、安倍首相の態度を批判し、「もし米朝衝突がおこれば、重要影響事態法に基づく自衛隊の対米後方支援、あるいは集団的自衛権行使による直接参戦がリアルな問題となる」としっかりと危機を指摘しています。しかし、3月7日の在日米軍基地攻撃という北の発表について、触れていないのは勉強不足です。

4月26日号は「首相危機扇動、戦争の惨禍をなぜ語らぬのか」という題で、「危機はあおるが、戦争のもたらす惨禍については一言も語らず、紛争の平和的解決に向けた外交努力を一切放棄する」と首相を批判しました。文章も迫力がありましたが、どのような外交努力をもとめるのか、何も語っていないのは問題です。

5月24日には、「米艦防護強行、参戦国化を現実のものにする暴挙」と題して、「先制攻撃をちらつかせる米軍の防護は、どう見ても憲法の禁じる武力による威嚇の一環である」、「米艦防護は戦争への道を具体的に掃き清めるものだ」と主張しています。

問題はこのような「主張」欄の声がどれだけ党員、支持者にうけとめられているかです。『社会新報』の紙面からは、北朝鮮危機といった認識がみなのものになっているとは感じられませんでした。

北朝鮮が核を持つ意図

――小泉首相に金正日委員長が語ったという北が核をもつ意図の説明はとても興味深いものでした。もうすこし詳しく知りたいのですが。

これは、たしかにきわめて重要な資料です。２００９年11月８日にＮＨＫがスペシャル番組「秘録日朝交渉――核をめぐる攻防」を放映しました。その中で小泉首相の二度目の訪朝のさいの、２００４年５月22日の小泉、金正日会談記録が使われました。これはＮＨＫの希望に応じて誰かが外務省の非公開会談録をリークしたものです。のちに私がピョンヤンで北側の会談関係者に訊いてみると、この番組のことを知っていて、一方的に発表したのは不当だと怒っていました。しかし、経過はともあれ、この記録は金正日の生の声を伝える貴重なものです。議員を通じて、原文を入手したいと考えて、努力しましたが、かないませんでしたので、放映された音声から記録をつくり、私の『北朝鮮現代史』に収録したのです。

会談の最後の部分で小泉首相は北の核開発について率直に意見をぶつけ、金正日もよく応えたようです。金正日が北朝鮮の核武装の意図について、「われわれの生存権のために核をもつようになった」と語った言葉は論文の中に引用しておきました。金正日は、アメリカが「先に核放棄せよと主張している」のは、「言語道断」だと反発しました。このような要求は「敗戦国に対して強要するものだ」、「われわれはアメリカの敗戦国ではない」と言っているところが重要です。

だが、このとき、つづけて、金正日はアメリカとの対話こそ北朝鮮が求めるものだということをはっきりと述べ、日本にアメリカとの対話を仲介してほしいと求めています。

「われわれはブッシュ大統領が話をしたいというのであれば、話し合う用意はある。アメリカも誠意を示すべきだ。日本はアメリカと同盟関係にある。アメリカともっとも信頼関係のあるアジアの国である。日本のリーダーの小泉総理にこの問題の解決のために努力してもらいたい。」

アメリカと交渉したいという金正日の気持ちは切ないほどの熱望であるように感じられます。

「われわれは六者協議を通じて、アメリカとの二重唱を歌いたいと考えている。われわれはのどがかれるまでアメリカと歌を歌う考えである。その成功のために周辺国によるオーケストラの伴奏をお願いしたい。伴奏がすばらしければ、二重唱は一層よくなる。」

まだ核実験もしていないときでした。核兵器をもった、それでアメリカと交渉したい。

アメリカと話し合いがつき、「生存権が保障されるのであれば、核は無用の長物である」と金正日は言い切っていたのです。

日朝平壌宣言に書いてあること

――小泉、金正日の日朝首脳会談が２００２年の９月にあって、日朝平壌宣言が出たのですね。この宣言はどのような内容のものでしたか。

この宣言は読み返すたびに、そのつどよくできた文書であると感じます。このようにはじまっています。

「両首脳は、日朝間の不幸な過去を清算し、懸案事項を解決し、実りある政治、経済、文化的関係を樹立することが、双方の基本利益に合致するとともに、地域の平和と安定に大きく寄与するものとなるとの共通の認識を確認した。」

第一項は国交正常化をすみやかに実現するために努力することで合意しています。

「1．双方は、この宣言に示された精神及び基本原則に従い、国交正常化を早期に実現させるため、あらゆる努力を傾注することとし、そのために2002年10月中に日朝国交正常化交渉を再開することとした。双方は、相互の信頼関係に基づき、国交正常化の実現に至る過程においても、日朝間に存在する諸問題に誠意をもって取り組む強い決意を表明した。」

第二項は植民地支配に対する反省とお詫びの表明、それにもとづく経済協力の約束です。

「2．日本側は、過去の植民地支配によって、朝鮮の人々に多大の損害と苦痛を与えたという歴史の事実を謙虚に受け止め、痛切な反省と心からのお詫びの気持ちを表明した。双方は、日本側が朝鮮民主主義人民共和国側に対して、国交正常化の後、双方が適切と考える期間にわたり、無償資金協力、低金利の長期借款供与及び国際機関を通じた人道主義的支援等の経済協力を実施し、また、民間経済活動を支援する見地から国際協力銀行等による融資、信用供与等が実施されることが、この宣言の精神に合致するとの基本認識の下、国交正常化交渉において、経済協力の具体的な規模と内容を誠実に協議することとした。双方は、国交正常化を実現するにあたっては、1945年8月15日以前に生じた事由に基づく両国及びその国民のすべての財産及び請求権を相互に放棄するとの基本原則に従い、国交正常化交渉においてこれを具体的に協議することとした。双方は、在日朝鮮人の地位に関する問題及び文化財の問題については、国交正常化交渉において誠実に協議することとした。」

第三項は安全を侵害する行動をつつしむこと、拉致問題や工作船による日本の領海侵入についてはくりかえさないことを誓う条項です。

「3．双方は、国際法を遵守し、互いの安全を脅かす行動をとらないことを確認した。また、日本国民の生命と安全にかかわる懸案問題については、朝鮮民主主義人民共和国側は、日朝が不正常な関係にある中で生じたこのような遺憾な問題が今後再び生じることがないよう適切な措置をとることを確認した。」

この条項を北朝鮮はあれ以後守っていることを思い出す必要がありますよ。一人の日本人も拉致していないし、一隻の工作船を日本の領海に侵入させていないのです。

第四項は地域の平和に対する協力を定めています。日本の外交文書で「北東アジア地域」ということが明記されたのは、これが最初です。この合意が六者協議の開始に道を開きました。

「4．双方は、北東アジア地域の平和と安定を維持、強化するため、互いに協力していくことを確認した。双方は、この地域の関係各国の間に、相互の信頼に基づく協力関係が構築されることの重要性を確認するとともに、この地域の関係国間の関係が正常化されるにつれ、地域の信頼醸成を図るための枠組みを整備していくことが重要であるとの認識を一にした。双方は、朝鮮半島の核問題の包括的な解決のため、関連するすべての国際的合意を遵守することを確認した。また、双方は、核問題及びミサイル問題を含む安全保障上の諸問題に関し、関係諸国間の対話を促進し、問題解決を図ることの必要性を確認した。朝鮮民主主義人民共和国側は、この宣言の精神に従い、ミサイル発射のモラトリアムを2003年以降も更に延長していく意向を表明した。双方は、安全保障にかかわる問題について協議を行っていくこととした。」

もちろん、この中の「ミサイル発射のモラトリアム」は守られていません。

なぜ日朝平壌宣言で国交正常化へ進めなかったのか

——このようなすばらしい内容の共同宣言が出されたのですから、あのときに国交正常化まで突き進むべきでしたね。どうして、そうならなかったのでしょうか。

専門家たちと話し合っても、あのとき、国交正常化をやってしまえば、今日の事態は変わっていたと言う人がすくなくありません。では、２００２年に決定的な前進ができなかったのか。この点は十分な研究がなされておりませんが、私はこう考えています。

一つにはアメリカ政府から横槍が入ったのです。小泉首相が平壌から帰って一カ月たたないうちに、ケリー太平洋・東アジア担当次官補が平壌を訪問して帰り、北朝鮮はウラン濃縮プログラムを進めている、このまま正常化交渉を進めていいのかとメッセージを出したのです。もう一つは、日朝国交正常化に反対である「救う会」の幹部たち——佐藤勝巳、西岡力氏らが、死亡したという情報は検証されていないとして、福田官房長官を非難し、さらに交渉をまとめた田中均局長を攻撃したのです。反北朝鮮感情があおられ、これまでの交渉からはずされていた安倍晋三氏が窮地に立った政府を救う人におしあげられたのです。国交交渉は進められなくなりました。あまりにあざやかな逆転劇でした。日朝国交正常化への期待を抱いた人々はこの動きをとめられず、完敗してしまったのです。２００２年末には、『文藝春秋』12月号で、私は「親朝派知識人、無反省妄言録」に加えられ、嘲笑されるにいたりました。

拉致被害者は生きているのか

――それにしても拉致問題は、北朝鮮が拉致をした、申し訳なかったとわびたあとで、大変な問題となり、反北世論の中心的な動力になっていますが、結局のところ、どこが問題なのでしょうか。

拉致問題は、北朝鮮の国家機関が日本に入って来て、日本の市民や少女を拉致していった事件です。北朝鮮は13人を拉致したと認め、謝罪して、8人は死亡している、5人は生存していると伝えました。拉致は政治的目的をもってなされた誘拐行為です。金銭的な目的の誘拐の場合、目的を達したあと、誘拐した被害者を殺害することが多く行われます。政治目的の誘拐である拉致も、同じでしょう。目的を達成できない場合、拉致してきた被害者が政治的に役にたたない場合、生かしておく必要が犯人側にはないのです。北朝鮮が8人死亡と言ってきたら、8人は殺されたかもしれないと覚悟しなければならないのです。

ここで曽我ひとみさんの拉致が認められたことには、特別の意味があることを考えてみる必要があります。曽我さんの拉致は日本政府は把握していないことでした。北朝鮮側は日本側に追及されていないのに、進んで、彼女の拉致を認めました。彼女は母親と一緒に拉致されたのですが、北朝鮮にいる外国人の亡命者、協力者に伴侶をあたえるために、この作戦が実行されたので、母親は不要だったのです。ですから、むごいことに母親は船が北朝鮮につく前に殺害されてしまったのではないかと想像されます。そういう大変な問題をかかえた存在である曽我ひとみさんを拉致したと申し出たのは、ひとえに生存者の数を増やすためであったのではないかと考えられます。

もちろん死亡した、あるいは殺害したと伝えられた8人の中には、北朝鮮の側からして死んだことになっていないと具合の悪い人が含まれている可能性があります。大韓航空機爆破事件の犯人金賢姫の教育係李恩恵だと考えられている田口八重子さんはその一人です。彼女の拉致をみとめ、生存しているということになると、彼女を表にだすことになり、ついには大韓航空事件の犯人金賢姫の存在をみとめることになってしまう。だから、田口八重子さんは死んだことにしなければならない。北朝鮮がそのように考えている可能性があると考えられます。だとすれば、その人の安全を守り、救い出すのには、慎重な、長期にわたる、たゆみない交渉が必要になるはずです。

みなが一番関心をもっている横田めぐみさんの件は、その運命についてもっとも情報があるケースです。結婚した相手と生んだ娘さんが平壌に生きていて、元妻、母は死んだと言っていることが確認されているのです。このウンギョンさんと横田夫妻は先年モンゴルで会うことをはたしました。平壌から帰った直後に、蓮池薫氏と妻の祐紀子さんが横田夫妻に会って、めぐみさんが精神的に極度に不安定になって、病院に入れられたことを話しています。このことは日本テレビでドラマ化され、２００６年10月3日に放映されました。

このことは、私が編集して出した『拉致問題を考えなおす』（青灯社、２０１０年）に資料を出していますので、それも見てください。

蓮池薫氏は、この北朝鮮危機のあいだに、『朝日新聞』のオピニオン欄に出て、被害者の生死について、北朝鮮の発表は「内容がずさんで、多くの拉致被害者が生存していると思います」と主張して、めぐみさんについては、北の発表と違い、自分たちは94年3月まで同じ地区の招待所にくらしていたと述べています。だからと言って、めぐみさんが生存している根拠にはならない事実です。２００６年には、蓮池薫さんは、94年2月めぐみさんが日本に帰ると言って招待所を抜け出した、その結果、病院に入れられたと語っていたのです。現在の蓮池さんは、被害者の生存問題について、発言することはできない立場にあるのだと私は考えます。インタビューすることが当をえないことなのでしょう。

横田めぐみさんが生存していることをみなが願っていますが、生存しているという確実な情報は２００２年以来、えられていないと思います。しかし、横田めぐみさんは生存していないのではないかと推測することは許されていないのです。２００９年4月25日の「朝まで生テレビ」で、田原総一朗氏は、外務省は横田めぐみさんは「生きていないことは分かっているわけ」だと語りました。これが抗議をうけ、田原氏は謝罪し、放送倫理・番組向上機構から「不適切」と判定をうけ、被害者家族に100万円の慰謝料を支払うことになりました。「朝まで生テレビ」は番組中止となりました。

ところで、2010年5月5日読売新聞は、外務省の幹部が、拉致被害者は全員生きているという考えを否定していることを報道しました。ウィキリークスが暴露した米政府公電の中に、外務省のアジア大洋州局長斎木昭氏がキャンベル米国務次官補にむかって、「横田めぐみさんの命運が最大の問題だ」と述べながら、「北朝鮮は拉致被害者の何人かを殺害していると思う」、「何人かは生きていると思う」と述べたと記録している電報（2009年9月21日付け）があるというのです。当時インド大使であった斎木氏は飛び上がって、これを否定しました。しかし、ウィキリークスの暴露は真実であり、否定した斎木氏は嘘をついていると考えるのが正しいでしょう。

いずれにしても、13人拉致し、8人は死亡したと北朝鮮政府が通告してきたとすれば、それはうそだろう、全員生きているはずだから、直ちに帰せと主張することは、外交交渉では不可能なことです。そのように宣言して、交渉を打ち切り、戦争でもはじめるというならわかります。普通の国同士の交渉なら、死亡したという経過を詳しく説明してほしい、と主張し、説明がされたら、その矛盾点をさらに問いただすという交渉しかできないはずです。横田めぐみさんの実の娘が平壌に生きているのです。結婚して、娘を生んでいます。彼女は20年前から母は死んだと考えているのです。しかし、日本の祖父母は、40年前に拉致された娘めぐみは生きていると信じて、北朝鮮政府を批判しています。そして日本政府は8人全員死亡という北朝鮮政府の新しい報告書を受け取らないのです。横田めぐみさんの悲劇はいまなお、日本と北朝鮮をのりこえられない対立の中にしばりつけ、結果的に日本の祖父母と平壌の孫娘を引き裂いているのです。

アメリカ人の北朝鮮観

――日本人の北朝鮮に対する感情が２００２年以後、どんどんわるくなったのは拉致問題のせいですが、ではアメリカ人は北朝鮮にどのような感情をもっているのでしょう。というのは、トランプ政府が北朝鮮を武力攻撃するとしたら、イラク戦争のときのように、一般国民から支持をうけることが必要ですね。アメリカ人の北朝鮮観がどういうものか、知りたいのです。

アメリカ人の歴史認識にとって、第二次大戦でドイツと日本を打ち負かしたことは、とても誇らしい勝利だとされています。ところが、日本の勝利のすぐあとで、朝鮮戦争になり、北朝鮮、ついで共産中国と戦ったのに、完全な勝利におわることはできず、引き分けとなったことは、面白くないことでした。中国なら別ですが、北朝鮮のような小国に手を焼かされることは腹立たしいと思ったはずです。しかし、近年、北朝鮮に対して、アメリカ人の一部がある種の恐れを感じているのではないかと見うる証拠が出てきて、おどろいています。というのは、オバマ大統領時代の２０１２年、13年に、北朝鮮軍に米国全土が占領されたり、ホワイトハウスが陥落したりする話が映画になっているのです。

２０１２年にできた映画「レッド・ドーン（Red Dawn）」は、米国全土が北朝鮮の空軍と空挺部隊に占領されたのに抗して立ち上がった地方都市の青年パルチザンの戦いを描いているとのことです。私は見ていないので、どうして米国全土を北朝鮮軍が占領できたのか、不思議に思います。しかし、北朝鮮にはそのような力があるということを前提しないと、そんな映画はいくら絵空事でも、なりたたないでしょう。

２０１３年３月に公開された映画「エンド・オブ・ホワイトハウス（Olympus has fallen）」は私も見ましたが、ショッキングな内容でした。話は、韓国首相一行が渡米して、ホワイト・ハウスを訪問し、大統領との会談になります。その瞬間に合わせて、国籍不明のＡＣ－１３０がワシントン上空に侵入して、ホワイトハウス上空から退去するよう警告を行なった２機のＦ－22戦闘機を突然撃墜し、さらにホワイトハウス周辺に無差別射撃を行うのです。ついで、どこからあらわれたか、武装グループがホワイトハウスを攻撃します。それで、米大統領は地下のバンカーへ韓国首相一行とともに避難するのです。完全な密室となったバンカーの中で、韓国首相に随行した側近が突如、韓国首相を殺し、北朝鮮のエイジェントであると名乗って、大統領以下閣僚を人質にとり、核兵器使用のコードを聞き出し、それを威嚇の材料に使って、第7艦隊と在韓米軍の撤退を要求するのです。映画は、元シークレットサービスの超人的な活躍と黒人大統領の勇気ある抵抗で、北朝鮮の特攻グループが敗北し、ほとんど廃墟となったホワイトハウスが奪還されるという結末になるのです。この映画の公開最初の週末の興行収入は約３０５０万ドルであり、専門家の予想よりも７００万ドル多かったと言われています。この映画が興行的に成功したとすると、米国民は一種の恐怖を味わったのではないでしょうか。

第三の映画は、２０１４年にソニー・ピクチャーズが制作した「インタビュー」です。これは米国の逆襲という話になっています。米国のテレビのトーク番組の司会者デイブとアーロンは、金正恩へのインタビューを許されますが、これを知ったＣＩＡに組織され、金正恩の暗殺を試みます。暗殺は失敗します。金正恩は怒って、大陸間弾道弾（ＩＣＢＭ）の発射を命じます。だがデイブは戦車を乗っ取って、金正恩の乗ったヘリコプターを撃墜して指導者を殺害し、ＩＣＢＭ発射を食い止めます。二人は米海軍特殊部隊に救出され、北朝鮮は民主主義国家になるという話です。まさに米国が願う斬首作戦によるＩＣＢＭ発射阻止、そしてレジーム・チェンジの道筋が描かれているのです。

この映画の内容が知られると、２０１４年11月28日、北朝鮮の祖国平和統一委員会のウェブサイト、「わが民族同士」に抗議声明が出ました。その後ソニー・ピクチャーズにサイバー攻撃が加えられたため、ソニー側は、12月17日、全米公開は中止と発表したのです。これに対して、オバマ大統領が介入、サイバー攻撃を非難し、公開中止はすべきでないと異例の注文をつけるにいたりました。その結果25日に331の映画館で限定公開され、第一週で285万ドルを稼ぎ出したといわれます。その後オンライン配信され、4日間で1500万ドル稼ぎ出し、ソニー映画としては最大のヒット作品となったのです。

このように見てくると、トランプ大統領は、映画「インタビュー」を実演しようとしているのかと、少々恐ろしくなります。

斬首作戦とはなにか

――斬首作戦ということがいわれますが、どういうことですか。指導者の殺害作戦ということを米国は本当に考えているのですか。

斬首作戦が問題になったのは、韓国の姿勢の変化からです。2016年2月10日に、北朝鮮の第5回核実験に反発して、開城工団の操業中断を決定したのにつづいて、朴槿恵大統領が16日には、北の体制を変化させるとの強硬な対決姿勢を国会演説で打ち出しました。その中で、韓国軍の中からこの年の米韓合同演習に斬首作戦をおりこむというような話が出てきました。すると、敏感に北朝鮮側が反発しました。2月23日、朝鮮人民軍最高司令部の重大発表があり、米国の特殊作戦部隊が『斬首』作戦について、ささいな動きでも見せれば、「事前に徹底的に制圧する」と宣言したのです。斬首作戦は、北朝鮮の「核と戦略ミサイルの『使用』を封じるために『命令権者』を事前に『排除』するという極悪非道な先制攻撃」であると、はっきりと説明しています。

この年の米韓合同演習で、これがどのようにとりこまれたかはわかりませんが、2017年の合同演習では、公然と、この作戦が演習にとりこまれたようです。なにしろ米国は、2003年3月17日、ブッシュ大統領が、サダム・フセインとその息子に48時間のうちにイラクを去るように要求し、19日、バグダットを爆撃して、戦争を開始しました。フセイン大統領がその日にある場所にくるとの情報をえていて、最初の爆撃で、殺害をめざしたといわれています。2011年5月2日には、こんどは、オバマ大統領の命令で、パキスタンに身をひそめていたオサマ・ビン・ラーデンを、海軍特殊部隊シールズを送り込んで殺害しています。だからと言って、北朝鮮の指導者の居場所を特定し、殺害することは米国にとっても至難の業だと思いますが、北朝鮮側の反発は当然ながら猛烈なものでした。もちろん、金正恩委員長はこのような作戦を警戒して、自分がどこにいるかを徹底的に隠して、生活しているものと思われます。斬首作戦で威嚇して、北朝鮮を屈服させようとするのでは、到底平和はえられません。

北朝鮮危機の夏

——6月には北朝鮮のミサイル発射が中休みとなりましたが、7月から8月にかけて、ミサイル発射が続けておこり、国連安保の極度にきびしい決議が採択され、ついには、北朝鮮のグアム周辺へのミサイル四発発射の予告とも言える発表にいたりました。トランプ大統領は興奮状態で、緊張は極点に達した感があります。どうごらんになりますか。

7月4日の亀城付近から弾道ミサイルが1発発射されました。翌日になって、北朝鮮側がＩＣＢＭ「火星14」の発射に成功したと発表して、大変なさわぎとなりました。ロフテッド軌道で、高度２８０２キロに上がり、39分にわたり、９３８キロ飛行したというのです。秋田県男鹿半島沖３００キロに落下したと日本の防衛省は推定しました。通常軌道でとべば、６０００キロ、ハワイに到達するし、８０００キロ飛べば、米西海岸にも到達するとみる見方もあります。米国もＩＣＢＭだと認定し、ティラーソン国務長官は「脅威が新段階にエスカレートした」と述べ、北朝鮮を非難しました。

米国の態度もきまらないで、国際社会が右往左往しているときに、韓国の文在寅政府だけが７月17日、軍事会談と離散家族再会事業のための赤十字会談を提案しました。私は北朝鮮側が受けるはずはないとみていましたが、とにかくこの緊張状態の高まりの中では、韓国政府としては何か北朝鮮政府に接触をすべきだと考えて、努力したのですから、立派だと思います。

ところで、北朝鮮は７月28日に、北部慈江道舞坪里から、深夜にまたもやＩＣＢＭ「火星14」を発射したと翌日発表しました。ミサイルの高度は３５００キロをこえ、飛行時間は47分、飛行距離は９９８キロでした。日本政府は奥尻島沖１５０キロ地点に落下したと発表しました。高度が四日の発射に比べて、格段に上がっていることがわかります。米国の専門家グループでは、通常軌道では、1万4000キロ飛行することになり、米東海岸のニューヨークも射程内に入ると分析した結果を発表しました（読売新聞、29日夕刊）。

31日には、トランプ大統領と安倍首相は電話で会談し、北朝鮮への圧力強化のため、中国やロシアへ働きかけを強めるとともに、自衛隊と米軍の連携による防衛能力向上のため、具体的な行動を進めていくことでも一致したと発表がありました。

8月1日には、ティラーソン国務長官は、「われわれは（北朝鮮の）体制転覆や体制崩壊を求めていない」と述べました。

しかし、やることは制裁です。アメリカの主導で、日本も大いに協力して、安保理の究極的な制裁措置案がまとめられました。北朝鮮の主要な外貨収入源である石炭、鉄鉱石、海産物などの輸出を全面禁止するという内容です。この決議案が8月5日午後（日本時間6日朝）に全会一致で採択されました。これによって、北朝鮮は10億ドル、全輸出額の3分の1を失うことになるとみられています。北朝鮮にとっても、さすがに痛手をうけることになったでしょう。このの ち平壌では、青年たちの入隊志願の集会や女性たちの集会が連日おこなわれ、自分の手でミサイル発射のボタンを押したいというような発言がなされるようになりました。

北朝鮮政府は7日に安保理決議に抗議声明を出し、「わが共和国の自主権に対する乱暴な侵害」であり、「全面排撃する」、われわれは「断固たる正義の行動へ移るであろう」と述べました。

これに対し、トランプ大統領は8日、北朝鮮に対して、「これ以上、米国を脅さない方がいい。世界が見たこともないような炎と怒りに直面することになる」と記者たちに語ったのです。

この発言のあと数時間して、北朝鮮人民軍戦略軍が出した声明が朝鮮中央通信によって伝えられました。「火星12」でグアム島周辺を包囲射撃することを検討中だという内容です。その後戦略軍の報道官の声明となり、ついには、戦略軍司令官が9日には直接、日本の島根県、広島県、高知県の上空をへて、グアム島周辺の30キロから40キロの海上水域へ4発の「火星12」を撃つ計画を検討しており、8月半ばまでに計画をまとめ、最高司令官に報告する、あとは命令を待つばかりだと異例の発表をおこなうにいたりました。

これに対して、トランプ大統領は、9日にも米核戦力は「かつてないほど強力だ。」「この力を使うことがなければいいと望む。だが我々が世界最強の国でなくなる時は決してない」とツィートしました。マティス国防長官も「北朝鮮は体制の崩壊や人民の破壊につながるようないかなる行為もやめるべきだ」と警告しました。緊張がかつてなく高まりました。さらに10日には、トランプ大統領は、閣僚を同席させた記者会見で、「北朝鮮は態度を改めないと、前代未聞の窮地に陥る」と、あらためて威嚇しました。

このとき、10日、日本の小野寺新防衛大臣は、グアムの米空軍力が失われれば、「存立危機事態」にあたり、集団的自衛権の限定的行使が可能になる、自衛隊が北朝鮮からグアムへ向かうミサイルを日本上空で撃墜することもありうるという判断を国会答弁で示しました。諸国の首脳が米朝両国に自制を求め、危機回避を訴えている中で、日米安保同盟重視の姿勢を示し、北朝鮮を威嚇しようとする態度です。結局、自衛隊はPAC3を北朝鮮に名指しされた島根、広島、高知三県に配備することに決めて、実施したのです。

ところで、8月15日が近づくと、変化がおこりました。米国のティラーソン国務長官とマティス国防長官が連名で論文を『ウォールストリート・ジャーナル』紙の8月13日（電子版）に寄稿し、「平和的に圧力をかける目的は、朝鮮半島の非核化だ」とし、「北朝鮮の体制転換や朝鮮半島の統一」は求めていない、「米国は北朝鮮との交渉を考えている」と述べ、北朝鮮が「誠実に交渉したいというシグナルを送る義務がある」と呼びかけたのです（読売、15日）。これは異例のよびかけでした。8月14日には、韓国の文在寅大統領は、米軍トップのダンフォード統合参謀本部議長との会談に先立って、首席秘書官らを集めた会議で、「朝鮮半島で二度と戦争を起こしてはならない。どんなに紆余曲折があっても、北朝鮮問題は必ず、平和的に解決しなければならない」と表明しました。ダンフォード議長に聞かせる言葉だったのでしょう。そして、文大統領は、おなじことを8月15日の光復節記念演説でもくりかえしました。「朝鮮半島での軍事行動は韓国だけが決定することができ、誰も韓国の同意なく軍事行動を決定することはできない。」（毎日新聞、16日）

8月15日の読売新聞は、8月6日マニラのＡＳＥＡＮ関連外相会議の夕食会のさい、河野外相が北の李容浩外相と顔を合わせ、日朝平壌宣言に基づき、核ミサイル問題、拉致問題について包括的解決に向けた行動を要求したところ、李外相が「対話したい」との意向を伝えたとのリーク記事を載せました。またこの日の読売は、アメリカでオバマ政権の安保問題補佐官であったスーザン・ライスがニューヨーク・タイムス紙への寄稿で、北の核保有を認めるべきだと述べたことも報じました。これは毎日にも報じられました。北からみれば、河野外相の日朝平壌宣言への言及は歓迎すべきことであったでしょうし、ライス女史の核保有容認論はまさに威嚇作戦の好ましい効果だと考えられているでしょう。

この日、金正恩委員長は、人民軍戦略軍司令官の報告をきいて、グアム包囲射撃作戦について、「米国の行動や態度をしばらく見守る」と表明したと、朝鮮中央通信が報道したことがわかりました。ティラーソン米国務長官は、この報道を聞き、記者団に「われわれは対話に至る道を見つけることに関心を持ち続けている」と語りました（時事通信）。トランプ大統領も16日には、金正恩委員長は「非常に賢く、理にかなった決断をした」とツィートしたとのことです。

明らかに、米朝間にメッセージの交換が行われたということが確認できます。秘密接触が開始されたと考えられます。かくして、極度に高められた緊張は、一転して、対話局面にむかったようです。だが、このような変化をわれわれは何度も見てきました。そのつど、結果はえられず、対話局面は終わり、一段と悪化した緊張状態に移ったのです。こんどもおなじことにならないという保証はありません。

北朝鮮は、核兵器とミサイルをもったまま、米国と対話交渉をおこなうことを求めています。自分たちは敗戦国ではない、交渉するなら、われわれのプライドを尊重しろ、というのが変わらぬ主張です。このことを認めない限り、対話交渉は成功しないでしょう。

8月22日になって、毎日新聞は、先月末に安倍首相に昼食に招かれた田原総一朗氏が「政治生命を懸けた冒険をしないか」と首相に勧めてきた、首相はなにかやりそうだと述べたことに関連して、田原氏が、申し入れたのは、外交問題、「北朝鮮のミサイル問題解決に向けた」措置であったことを記者に語ったことを報道しました。安倍首相が実際に動くかどうかは、わかりません。しかし、田原氏が日本が動くべきだと考えていることは明らかです。同じ日の同じ新聞の論壇時評欄で、北海道大学の遠藤乾教授は、「核保有国としての北朝鮮を当面は前提とし、政策を再考すべき」だと主張しています。『月刊日本』10月号では、南丘喜八郎主筆が巻頭言を書いて、米朝の交渉がはじまっているかもしれない、いまこそ安倍首相は平壌へ飛べとよびかけています。

「安倍総理が為すべきは、率先して平壌に乗り込み、金正恩委員長と直接対話し、日朝国交正常化に踏み切ることだ。……我が国の選択肢はそれ以外にない。」

8月29日、北朝鮮は日本上空を通過するミサイルを飛ばし、北海道襟裳岬東1180キロの海上に落下させました。北朝鮮の発表は、この日が1910年の韓国併合宣言の日であることに注意を喚起しました。

北朝鮮が核兵器を離さないかぎり、米朝の対話交渉は、最大限うまくいっても、一定の程度の緊張緩和をもたらすにすぎないだろうと考えられます。北朝鮮はミサイル発射はつづけるでしょう。だから、緊張は消えることはないでしょう。

だからこそ、日本の役割が重要となるのです。日朝の国交樹立は、情勢の変化にかかわらず、東北アジアの平和の最終的保障となるでしょう。

していることに対し、絶対に袖手傍観しないであろう。

　米国が醸成してきた核戦争の危険を根源的に終息させるために、戦略的核戦力を中枢とする自衛的抑止力をいっそう磐石に固め、侵略者がほんの少しでも発砲するなら断固たる報復打撃で容赦なく粉砕するという朝鮮の軍隊と人民の意志は確固不動である。(了)

着している中で強行されることで、いっそう危険なものになっている。

敵の無謀な核戦争騒動と関連し、わが革命武力はすでに宣布した通り､それに超強硬対応措置で立ち向かうであろうし、敵がわが共和国の自主権が行使される領域にただの一点の火花でも飛ばすなら、即時に無慈悲な軍事的対応が開始されるということ、米帝の対朝鮮敵視政策に同調して無分別に今回の戦争練習に飛び込んだ追従勢力も、われわれの打撃目標になるという原則的な立場を明らかにした。

米国はあたかも「キー・リゾルブ｣､「フォール・イーグル」合同軍事演習の強行が、われわれの核保有のせいであるかのように世論をミスリードしているが、それは黒を見て白という詭弁である｡米国の侵略的な合同軍事演習と核威嚇策動は、われわれが核を保有するはるか以前から止めどなく行われてきた。

米国の極端な対朝鮮敵視政策と合同軍事演習をはじめとする核の威嚇と恐喝、核武力増強策動こそ、われわれに自衛的な核攻撃能力を持たせ、それを高度に強化ぜざる得なくした根本要因である。

現実は米国とその追従勢力の核威嚇と恐喝に対処し、朝鮮半島と地域の平和と安定を守るための唯一の方法は､侵略者､挑発者を無慈悲に掃き捨てることができる核武力を、質量的に一層強化し、力の均衡を成し遂げることのみであるということをはっきりと示している。

われわれは、米国に新たに登場した行政府が「力による平和」を唱え、共和国に対する軍事的圧迫と侵略企図を露わに

朝鮮外務省スポークスマン談話：「朝鮮半島と地域の平和と安定を守るための唯一の方法は力の均衡を成し遂げること」

朝鮮外務省スポークスマンは米国と南朝鮮が危険極まりない合同軍事演習を強行したここと関連し4日、以下のような談話を発表した。（全文）

われわれの度重なる警告にもかかわらず米国は、とうとう南朝鮮傀儡とともにわれわれに反対する侵略的な合同軍事演習をくり広げた。

米国が南朝鮮で強行している合同軍事演習は、朝鮮半島と東北アジアに核の惨禍をもたらそうとする最も露骨な核戦争策動である。

史上最大規模で行われる今回の合同軍事演習では、米原子力空母は言うまでもなく、原子力潜水艦、核戦略爆撃機、ステルス戦闘機など各種の戦略資産が大量に動員され、われわれに対する不意の核先制攻撃計画に従った実動訓練を繰り広げることになっている。

敵が南朝鮮とその周辺水域に数多くの核攻撃手段と膨大な侵略武力を持ち込んで行っている戦争演習騒動がいつ実戦に移るかわからず、それによって朝鮮半島情勢はまたもや核戦争勃発の瀬戸際を突っ走っている。

米国の核戦争演習策動は、最近、われわれの核戦力強化に言い掛かりをつけ史上最悪の政治経済的制裁・圧迫騒動に執

骨及び墓地、残留日本人、いわゆる日本人配偶者、拉致被害者及び行方不明者を含む全ての日本人に関する調査を包括的かつ全面的に実施することとした。

第二に、調査は一部の調査のみを優先するのではなく、全ての分野について、同時並行的に行うこととした。

第三に、全ての対象に対する調査を具体的かつ真摯に進めるために、特別の権限（全ての機関を対象とした調査を行うことのできる権限。）が付与された特別調査委員会を立ち上げることとした。

第四に、日本人の遺骨及び墓地、残留日本人並びにいわゆる日本人配偶者を始め、日本人に関する調査及び確認の状況を日本側に随時通報し、その過程で発見された遺骨の処理と生存者の帰国を含む去就の問題について日本側と適切に協議することとした。

第五に、拉致問題については、拉致被害者及び行方不明者に対する調査の状況を日本側に随時通報し、調査の過程において日本人の生存者が発見される場合には、その状況を日本側に伝え、帰国させる方向で去就の問題に関して協議し、必要な措置を講じることとした。

第六に、調査の進捗に合わせ、日本側の提起に対し、それを確認できるよう、日本側関係者による北朝鮮滞在、関係者との面談、関係場所の訪問を実現させ、関連資料を日本側と共有し、適切な措置を取ることとした。

第七に、調査は迅速に進め、その他、調査過程で提起される問題は様々な形式と方法によって引き続き協議し、適切な措置を講じることとした。

思を改めて明らかにし、日朝間の信頼を醸成し関係改善を目指すため、誠実に臨むこととした。

第二に、北朝鮮側が包括的調査のために特別調査委員会を立ち上げ、調査を開始する時点で、人的往来の規制措置、送金報告及び携帯輸出届出の金額に関して北朝鮮に対して講じている特別な規制措置、及び人道目的の北朝鮮籍の船舶の日本への入港禁止措置を解除することとした。

第三に、日本人の遺骨問題については、北朝鮮側が遺族の墓参の実現に協力してきたことを高く評価し、北朝鮮内に残置されている日本人の遺骨及び墓地の処理、また墓参について、北朝鮮側と引き続き協議し、必要な措置を講じることとした。

第四に、北朝鮮側が提起した過去の行方不明者の問題について、引き続き調査を実施し、北朝鮮側と協議しながら、適切な措置を取ることとした。

第五に、在日朝鮮人の地位に関する問題については，日朝平壌宣言に則って、誠実に協議することとした。

第六に、包括的かつ全面的な調査の過程において提起される問題を確認するため、北朝鮮側の提起に対して、日本側関係者との面談や関連資料の共有等について、適切な措置を取ることとした。

第七に、人道的見地から、適切な時期に、北朝鮮に対する人道支援を実施することを検討することとした。

——北朝鮮側

第一に、1945 年前後に北朝鮮域内で死亡した日本人の遺

ストックホルム合意（平成26年5月29日発表）

双方は、日朝平壌宣言に則って，不幸な過去を清算し、懸案事項を解決し、国交正常化を実現するために、真摯に協議を行った。

日本側は、北朝鮮側に対し，1945年前後に北朝鮮域内で死亡した日本人の遺骨及び墓地、残留日本人、いわゆる日本人配偶者、拉致被害者及び行方不明者を含む全ての日本人に関する調査を要請した。

北朝鮮側は、過去北朝鮮側が拉致問題に関して傾けてきた努力を日本側が認めたことを評価し、従来の立場はあるものの、全ての日本人に関する調査を包括的かつ全面的に実施し、最終的に、日本人に関する全ての問題を解決する意思を表明した。

日本側は、これに応じ、最終的に、現在日本が独自に取っている北朝鮮に対する措置（国連安保理決議に関連して取っている措置は含まれない。）を解除する意思を表明した。

双方が取る行動措置は次のとおりである。双方は、速やかに、以下のうち具体的な措置を実行に移すこととし、そのために緊密に協議していくこととなった。

――日本側

第一に、北朝鮮側と共に、日朝平壌宣言に則って、不幸な過去を清算し、懸案事項を解決し、国交正常化を実現する意く意向を表明した。

双方は、安全保障にかかわる問題について協議を行っていくこととした。

日本国　総理大臣　　小泉純一郎

朝鮮民主主義人民共和国　国防委員会委員長　　金 正日

2002 年 9 月 17 日　平壌

れることが、この宣言の精神に合致するとの基本認識の下、国交正常化交渉において、経済協力の具体的な規模と内容を誠実に協議することとした。

双方は、国交正常化を実現するにあたっては、1945年8月15日以前に生じた事由に基づく両国及びその国民のすべての財産及び請求権を相互に放棄するとの基本原則に従い、国交正常化交渉においてこれを具体的に協議することとした。

双方は、在日朝鮮人の地位に関する問題及び文化財の問題については、国交正常化交渉において誠実に協議することとした。

三、双方は、国際法を遵守し、互いの安全を脅かす行動をとらないことを確認した。また、日本国民の生命と安全にかかわる懸案問題については、朝鮮民主主義人民共和国側は、日朝が不正常な関係にある中で生じたこのような遺憾な問題が今後再び生じることがないよう適切な措置をとることを確認した。

四、双方は、北東アジア地域の平和と安定を維持、強化するため、互いに協力していくことを確認した。

双方は、この地域の関係各国の間に、相互の信頼に基づく協力関係が構築されることの重要性を確認するとともに、この地域の関係国間の関係が正常化されるにつれ、地域の信頼醸成を図るための枠組みを整備していくことが重要であるとの認識を一にした。

双方は、朝鮮半島の核問題の包括的な解決のため、関連するすべての国際的合意を遵守することを確認した。また、双方は、核問題及びミサイル問題を含む安全保障上の諸問題に関し、関係諸国間の対話を促進し、問題解決を図ることの必要性を確認した。朝鮮民主主義人民共和国側は、この宣言の精神に従い、ミサイル発射のモラトリアムを2003年以降も更に延長してい

日朝平壌宣言

小泉純一郎日本国総理大臣と金正日朝鮮民主主義人民共和国国防委員長は、2002年9月17日、平壌で出会い、会談を行った。

両首脳は、日朝間の不幸な過去を清算し、懸案事項を解決し、実りある政治、経済、文化的関係を樹立することが、双方の基本利益に合致するとともに、地域の平和と安定に大きく寄与するものとなるとの共通の認識を確認した。

一、双方は、この宣言に示された精神及び基本原則に従い、国交正常化を早期に実現させるため、あらゆる努力を傾注することとし、そのために2002年10月中に日朝国交正常化交渉を再開することとした。

双方は、相互の信頼関係に基づき、国交正常化の実現に至る過程においても、日朝間に存在する諸問題に誠意をもって取り組む強い決意を表明した。

二、日本側は、過去の植民地支配によって、朝鮮の人々に多大の損害と苦痛を与えたという歴史の事実を謙虚に受け止め、痛切な反省と心からのお詫びの気持ちを表明した。

双方は、日本側が朝鮮民主主義人民共和国側に対して、国交正常化の後、双方が適切と考える期間にわたり、無償資金協力、低金利の長期借款供与及び国際機関を通じた人道主義的支援等の経済協力を実施し、また、民間経済活動を支援する見地から国際協力銀行等による融資、信用供与等が実施さ

あとがき

私が、「日朝間に政府間交渉をもち植民地支配の清算を行うことをすみやかに声明し、可能なことから具体的に行動にうつること」を政府に要望する知識人・政治家の共同声明を、いまは亡き安江良介氏らとともに発表したのは、１９８８年9月8日のことであったから、ちょうど30年前のことになる。冷戦がおわるときであった。１９９０年9月には、金丸、田辺両氏が訪朝し、金日成とのあいだで、日朝国交交渉の開始について合意し、その年のうちに、国交交渉がはじまった。わたしたちは日朝条約案をつくって政府に差し出しもした。あそこで日朝国交樹立に進んでいたら、よかったのだが、日本の中では村山談話がまだ出されていないときであったから、交渉が難しかったのもたしかである。交渉は2年で終わってしまった。

日朝交渉が決裂した後、93年には北朝鮮がNPT条約から脱退を表明し、その年から94年にかけて、米朝は戦争の危機に陥った。そして、ようやくカーターの訪朝で、話し合いがついて、危機を脱した。しかし、日本のわれわれは、いささかの当事者意識もなく、この危機をただながめていただけであった。

交渉が92年に決裂したあとの8年間は、日朝関係は空白だった。90年代の末にようやくアメリカでも変化がみえ、日本の中からも動きがあり、私たちは99年8月隅谷三喜男氏らと声明「今世紀のうちに日朝国交交渉を軌道にのせ、緊張緩和への転換をはかろう」を出した。村山元総理が超党派の国会議員訪朝団をひきいて、平壌に赴き、2000年には日朝交渉はついに再開された。しかし、これもわずか3回で、拉致問題でゆきづまってしまった。

私は、隅谷三喜男氏とともに、議員をやめた村山富市氏を会長に仰いで、日朝国交促進国民協会を2000年9月に設立した。明石康、三木睦子氏も副会長として加わってくれた。創立集会の日ははげしい雨降りであり、右翼の宣伝カーも近づく中で、野中広務議員や槇田邦彦外務省アジア局長の激励のあいさつを聞いたのを思い出す。私たちは、2年後の日韓共同主催のサッカー・ワールドカップ大会までには、なんとしても、日朝国交樹立にこぎつけるという決意だった。

そして日朝双方の努力で、２００２年9月には小泉首相の訪朝が実現し、日朝平壌宣言が出る事態となった。このときこそ、日朝国交正常化まで進めるときだったのに、私たちは、無力にも、敗れてしまった。あのとき私たちには決定的なチャンスがあたえられたのに、それが生かせなかったのである。その敗北の責任を痛いように感じている。

その年から15年が経過し、北朝鮮は金正日委員長は亡くなり、若い息子氏の代となり、核開発とミサイル開発を猛烈なスピードですすめ、米国にはりあうところに飛躍しようとしている。制裁でも、また適当な対話でも、この動きをとめられない。このままいけば、２０２０年までに、米国が理屈をつけて、日本海から北朝鮮を攻撃するときがくるかもしれない。北朝鮮はそのときは日本を攻撃するだろう。その戦争の後には、アメリカは無事だろうが、北朝鮮と日本と、おそらく韓国も人のすめない廃墟となるだろう。東京オリンピックは幻と消えるのは当然だ。

だからこそ、生き残っている人々は、ここで力をふりしぼって、米朝戦争をふせぐために、平和国家日本が政府と国民の総力をあげて、北朝鮮と米国に向けて、平和外交を展開するように、訴えていかなければならないと思うのである。

本書に収めた論文は、雑誌『世界』２０１７年7月号に「北朝鮮危機と平和国家日本の平和外交」という題で発表したものを、書き直した。急いで取りまとめたこの本が、日本国の平和外交のために役立ってくれればうれしい。

〔著者〕和田春樹（わだ・はるき）東京大学名誉教授。1938年生まれ。東京大学文学部卒業。日朝国交促進国民協会事務局長。著書『金日成と満州抗日戦争』（平凡社、1992年）、『朝鮮戦争全史』（岩波書店、2002年）、『朝鮮有事を望むのか』（彩流社、2002年）、『北朝鮮本をどう読むのか』（共編著）（明石書店、2003年）、『検証日朝関係60年史』（共著）（明石書店、2005年）、『日露戦争 起源と開戦』（上下）（岩波書店、2009－10年）、『拉致問題を考えなおす』（共編著）（青灯社、2010年）、『北朝鮮現代史』（岩波書店、2012年）、『平和国家の誕生』（岩波書店、2015年）、『スターリン批判1953～56年』（作品社、2016年）、『アジア女性基金と慰安婦問題』（明石書店、2016年）

米朝戦争をふせぐ
――平和国家日本の責任

2017年10月5日 第1刷発行

著　者　和田春樹
発行者　辻　一三
発行所　株式会社青灯社
東京都新宿区新宿 1－4－13
郵便番号 160－0022
電話 03－5368－6923（編集）
03－5368－6550（販売）
URL http://www.seitosha-p.co.jp
振替　00120－8－260856
印刷・製本　モリモト印刷株式会社

Printed in Japan
ISBN978－4－86228－096－1 C0031

小社ロゴは、田中恭吉「ろうそく」（和歌山県立近代美術館所蔵）をもとに、菊地信義氏が作成

●青灯社の本●

日本はなぜ原発を拒めないのか——国家の闇へ
山岡淳一郎
定価1600円+税

普天間移設 日米の深層
琉球新報「日米廻り舞台」取材班
定価1400円+税

ふたたびの〈戦前〉——軍隊体験者の反省とこれから
石田 雄
定価1600円+税

自分で考える集団的自衛権——若者と国家
柳澤協二
定価1400円+税

知・情・意の神経心理学
山鳥 重
定価1800円+税

残したい日本語
森 朝男／古橋信孝
定価1600円+税

「二重言語国家・日本」の歴史
石川九楊
定価2200円+税

9条がつくる脱アメリカ型国家——財界リーダーの提言
品川正治
定価1500円+税

子どもが自立する学校——奇跡を生んだ実践の秘密
尾木直樹 編著
定価2000円+税

拉致問題を考えなおす
蓮池透／和田春樹／菅沼光弘／青木理／東海林勤
定価1500円+税

デジタル記念館 慰安婦問題とアジア女性基金
村山富市／和田春樹 編
定価1600円+税

神と黄金（上・下）——イギリス・アメリカはなぜ近現代世界を支配できたのか
ウォルター・ラッセル・ミード
寺下滝郎 訳
定価各3200円+税

起源——古代オリエント文明：西欧近代生活の背景
ウィリアム・W・ハロー
岡田明子 訳
定価4800円+税

魂の脱植民地化とは何か
深尾葉子
定価2500円+税

枠組み外しの旅——「個性化」が変える福祉社会
竹端 寛
定価2500円+税

合理的な神秘主義——生きるための思想史
安冨 歩
定価2500円+税

生きる技法
安冨 歩
定価1500円+税

他力の思想——仏陀から植木等まで
山本伸裕
定価2200円+税

理性の暴力——日本社会の病理学
古賀 徹
定価2800円+税

愛と貨幣の経済学——快楽の社交主義へ
古賀 徹
定価2000円+税

魂深き人びと——西欧中世からの反骨精神
香田芳樹
定価2500円+税